Retrouvez toutes nos parutions sur
www.lamartinierejeunesse.fr
www.lamartinieregroupe.com

Darren Tulett

LE GRAND LIVRE FOOT

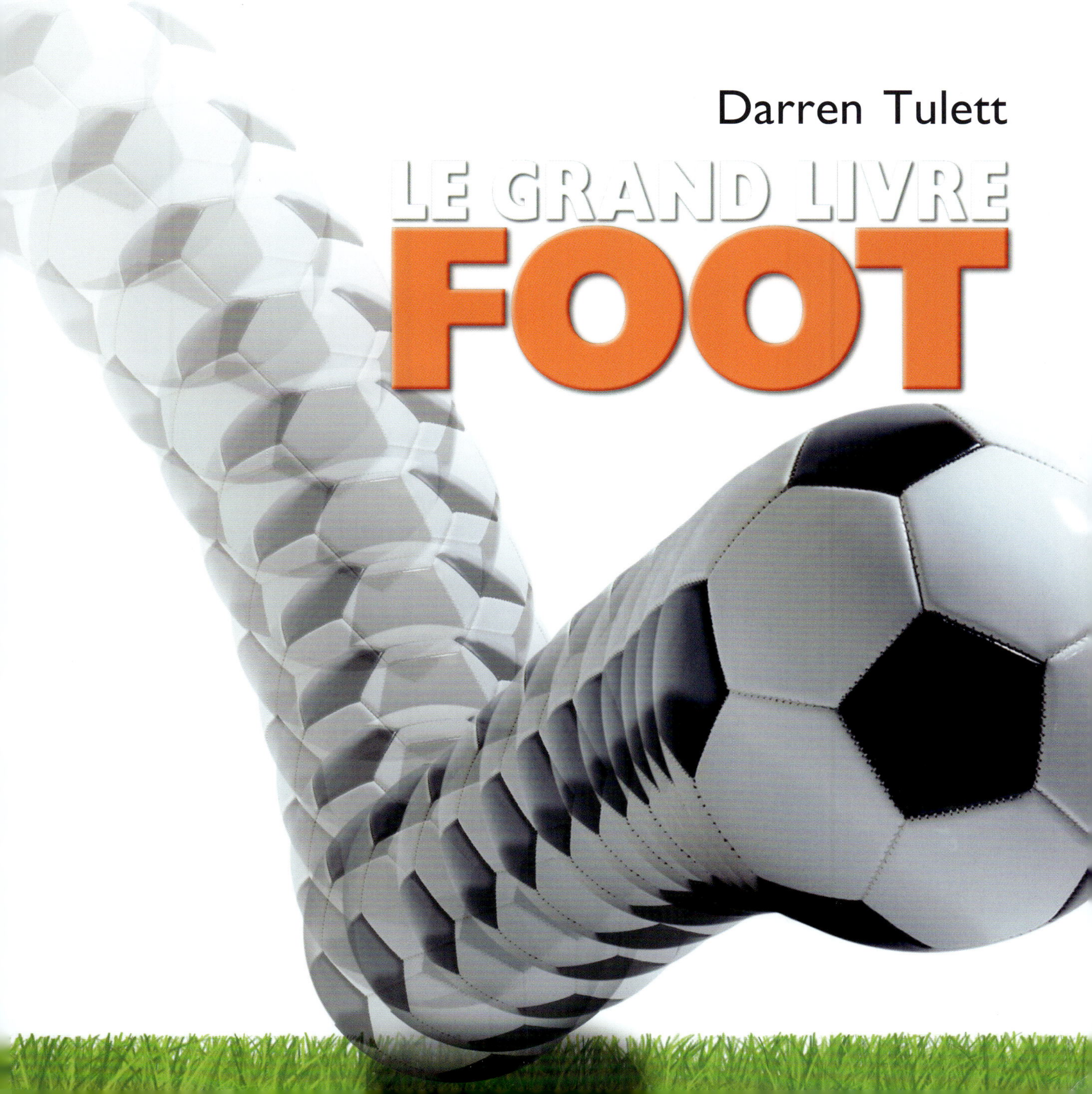

● ABIDAL (ÉRIC)

Éric Abidal est bien plus qu'un ancien footballeur qui a gagné de nombreuses médailles avec Lyon et le FC Barcelone. Il est aussi un symbole de courage et d'espoir. Victime d'une tumeur au foie et greffé en 2012, Abidal a su surmonter l'épreuve et revenir sur les terrains. C'est un champion. Son palmarès comprend trois titres de champion de France avec Lyon, quatre de champion d'Espagne avec le Barça et deux victoires en finale de la Ligue des champions. Chapeau !

● AGÜERO (SERGIO)

voir page 4

● AILE

L'aile est la partie du terrain située sur le côté de celui-ci (à droite et à gauche), le long de la ligne de touche. Ce mot vient du langage militaire dans lequel les ailes signifient les côtés d'une armée.
On parlait également d'« ailiers » (droits ou gauches), mais ce rôle très spécifique a laissé la place à des joueurs plus complets, désormais désignés sous le terme de « milieux de terrain », dont le rôle d'attaquant consiste aussi à se replacer et à défendre quand une offensive a échoué.

▲ *L'**aile** est la partie du terrain située sur le côté de celui-ci (rayures jaunes sur le dessin), le long de la ligne de touche.*

SERGIO AGÜERO

FICHE D'IDENTITÉ
Naissance : 2 juin 1988 à Quilmes (Buenos Aires), Argentine
Taille : 1,73 m
Poste : attaquant
Surnom : Kun

Il ne restait qu'une poignée de secondes à jouer dans le temps additionnel à l'Etihad Stadium, ce 12 mai 2012, lorsque Sergio Agüero a marqué le but le plus important de sa jeune carrière. Le but de la victoire, 3-2 sur QPR, celui qui a donné le titre de champion d'Angleterre à Manchester City pour la première fois depuis quarante-quatre ans. Un héros est né ce jour-là pour le peuple bleu de cette ville du nord-ouest de l'Angleterre. L'attaquant argentin sera, pour toujours, le joueur qui symbolise ce triomphe. Et quel joueur !

Né un 2 juin à Quilmes, en 1988, Agüero a rapidement pris l'habitude de nous étonner par son talent et sa précocité. Il n'avait que 15 ans et 35 jours quand il a joué son premier match professionnel pour le club argentin Independiente, effaçant ainsi le record détenu par un certain Diego Maradona ! Et bientôt il marquait but après but dans le championnat espagnol pour l'Atlético Madrid (101 en 234 matches) avant de rejoindre les pelouses vertes de l'Angleterre.

Agüero a aidé Manchester City à devenir l'un des plus grands clubs d'Europe grâce à ses buts, souvent spectaculaires, et a établi le record du quintuplé le plus rapide dans l'histoire de la Premier League lorsqu'il a trouvé les filets cinq fois en 23 minutes lors d'un match contre Newcastle, en octobre 2015.

Avec Giannina, l'une des filles de Maradona, Agüero a eu un fils, Benjamin, né en 2009. Sergio a un surnom – Kun, le nom qu'il a choisi de floquer sur ses maillots vient tout simplement d'une ressemblance avec Kum Kum, le personnage d'une série télé (japonaise) que le petit Sergio adorait quand il était petit !

Aujourd'hui, le terme « couloir » désigne également les zones longeant les lignes de touche et où évoluaient les ailiers et les arrières latéraux de ligne.

●ALABA (DAVID)

voir page 10

●ALIGNEMENT

Ce terme, emprunté à la marine, signifie à la base mettre les bateaux côte à côte en vue de lancer une bataille. Ce mot vient du langage militaire dans lequel un alignement signifie que les soldats sont placés sur une ligne droite.

1. On parle d'alignement lorsque des défenseurs se positionnent et/ ou se déplacent sur une même ligne de manière à pousser l'attaque adverse à se mettre en position de hors-jeu. On dit alors qu'ils « jouent la ligne ».

2. C'est aussi la composition d'une équipe qui va jouer.

●ALVES (DANI)

voir page 13

●AMORTIR, AMORTI ▸

Geste de base consistant à contrôler une balle en l'accompagnant au moment du contact afin d'éviter

◀◀ *Un **amorti** de la poitrine exécuté par Didier Drogba. Ce geste est souvent utilisé pour se saisir d'un ballon envoyé de loin (dégagement du gardien de but ou longue balle transversale).*

qu'elle ne rebondisse hors de portée. On peut utiliser toutes les parties du corps, sauf les mains ! On parle alors d'un amorti de la poitrine, de la cuisse, de la tête, etc.

●ANGLE

Espace ouvert devant la cage du gardien par lequel un joueur va essayer de marquer un but.

On parle ainsi d'« angle ouvert » (quand le joueur dispose d'un espace libre suffisant pour tenter sa chance en effectuant un tir au but), d'« angle fermé » (lorsque la défense adverse bouche cet espace) et d'« angle impossible » (lorsque l'espace libre est tellement réduit qu'il est extrêmement difficile de placer la balle dans cet espace pour marquer).

Le fait que le gardien sorte de ses buts lorsqu'un attaquant se présente face à lui a pour objectif de réduire l'angle d'ouverture au maximum et, si possible, le boucher pour laisser le moins d'espace libre entre son corps et le cadre du but. La balle a ainsi moins de chance de « passer ».

*Le face-à-face va être délicat pour Florent Malouda, car Edwin Van Der Sar s'est bien avancé pour boucher l'**angle.*** ▶

●ANTI-JEU

C'est le fait d'empêcher un adversaire de jouer, mais sans brutalité, par exemple en le ceinturant ou en

A
15

▶▶
*Lors d'un corner, les défenseurs essayent d'empêcher les joueurs de l'équipe adverse de se saisir du ballon. Ici, ils le font de manière particulièrement illicite. C'est de l'**anti-jeu** qui peut, en l'occurence conduire à un penalty.*

▲
*Le quatrième **arbitre** reste positionné près de la ligne médiane, à proximité des bancs de touche.*

tirant sur son maillot. C'est, bien sûr, interdit par le règlement et sanctionné par l'arbitre.

●APPEL (APPELER UNE BALLE)

Il s'agit de signifier par le sens de sa course l'endroit où l'on désire recevoir le ballon. Il existe plusieurs types d'appel :
– L'appel en profondeur : réclamer la balle vers l'avant, pour amener le jeu vers le but adverse.
– Le contre-appel : demander le ballon dans la direction opposée à celle de l'appel précédent.
– Le faux appel : ruse destinée à entraîner l'adversaire qui vous marque sur une fausse piste, créant ainsi une brèche profitable à un coéquipier.

●APPUI

1. « Être en appui » signifie soutenir son partenaire dans son action (par exemple, en lui donnant une solution s'il ne peut la poursuivre).
2. On parle également d'appui dans d'autres circonstances :
– Un gardien ou un joueur est « sur ses bons appuis » lorsqu'il est solidement positionné sur ses deux jambes (pour défendre sa cage lors d'une attaque ou, pour un joueur de champ, réussir un contrôle, une longue passe, tirer un coup franc ou un corner).
– On dit qu'un tir est « appuyé » lorsqu'il est frappé avec force. Un tir pas assez appuyé signifiera, au contraire, une frappe trop molle pour tromper le gardien de but ou une passe trop faible pour atteindre le joueur auquel elle était destinée.

●ARBITRE

Voir aussi Histoire

Chaque match se dispute sous le contrôle d'un arbitre qui applique les lois du jeu, c'est-à-dire qu'il vérifie que la partie se passe bien selon les règles du football. Il siffle lorsqu'il y a faute et distribue les cartons jaunes et rouges qui sanctionnent les joueurs qui n'ont pas respecté les règles.
Il siffle aussi le coup d'envoi ainsi que la fin de chaque mi-temps. On le surnommait autrefois l'« homme en noir », en référence à la couleur de son maillot, mais celui-ci a de plus en plus tendance à se colorer, principalement en rouge ou en jaune. On le nomme également « arbitre central » en opposition aux arbitres assistants. (voir page suivante).
Aux débuts du football, le jeu s'effectuait sans arbitre : les capitaines des deux équipes se chargeaient de faire régner l'ordre parmi leurs joueurs.

A

DAVID ALABA

FICHE D'IDENTITÉ
Naissance : 24 juin 1992,
à Vienne, Autriche
Taille : 1,86 m
Poste : défenseur, milieu de terrain

Né à Vienne, le formidable David Alaba a, presque tout seul, remis le football autrichien à l'honneur grâce à ses brillantes performances avec le Bayern Munich. Rapidement recruté par les Allemands après seulement une poignée de matches avec l'Austria Vienna, il a effectué ses débuts professionnels en Bundesliga à l'âge de 17 ans, 7 mois et 8 jours, devenant ainsi le plus jeune joueur dans l'histoire du Bayern, club ô combien prestigieux. Alaba est tellement fort, tellement rapide, tellement à l'aise techniquement qu'il peut jouer dans presque n'importe quelle position, même si pour le Bayern il est le plus souvent aligné au poste d'arrière gauche. C'est d'ailleurs dans la défense des Munichois qu'il remporte sa première Ligue des champions, lors d'une victoire par deux buts à un sur le rival Borussia Dortmund au stade mythique de Wembley en 2013.
Précoce, on vous l'a dit. Encore une preuve ? Eh bien, David Alaba a été élu footballeur autrichien de l'année en 2011, alors qu'il n'avait que 19 ans ! Pas rassasié, il a remporté le titre les cinq années suivantes !
Pour son équipe nationale, Alaba a impressionné tout de suite. Son autorité naturelle et sa classe ont fait de lui un leader populaire. L'Autriche s'est remise à gagner des matches et il a montré le chemin. Jouant en milieu de terrain, il tire les coups francs, mène le jeu et devient buteur à répétition. Avec une victoire 4-1 en Suède contre l'équipe de Zlatan Ibrahimović, match pendant lequel il marque un but sur penalty avec un tir à la Panenka, l'Autriche a scellé sa place à l'Euro 2016 – c'est la première fois que son pays se qualifie pour les phases finales de ces championnats. Merci qui ? Merci David !

Les enjeux devenant de plus en plus importants, il fut décidé, en 1870, que chaque équipe du championnat anglais devait désigner une personne chargée notamment de signaler les sorties de balle. Chaque umpire ainsi nommé s'occupait du côté de l'équipe qui l'avait choisi. Lorsque les deux umpires n'étaient pas d'accord, on demandait l'avis d'une troisième personne, le referee. Celui-ci prit de plus en plus d'importance et, dès 1892, évoluait sur le terrain, déjà muni d'un carnet et d'un sifflet, comme on peut le voir encore aujourd'hui !
Les umpires devinrent arbitres de touche. Désormais appelés « arbitres assistants », leur rôle consiste à signaler non seulement les sorties de balle, mais aussi les positions de hors-jeu.
Depuis 1960, on trouve aussi sur le terrain un quatrième arbitre qui, placé près de la ligne médiane, assiste l'arbitre central pour tout ce qui concerne les changements de joueurs ainsi que pour tout ce qui est relatif au chronométrage (temps des arrêts de jeu, durée de la partie…). Son rôle consiste également à canaliser les éventuels débordements de toutes les personnes assises sur le banc de touche.

● ARCONADA

Grossière erreur de jeu commise par un gardien, qui laisse échapper dans son but un ballon dans un premier temps bien négocié.
Ce terme tire son nom du gardien espagnol Luis Arconada qui a commis cette boulette devenue célèbre lors de la finale du championnat d'Europe des Nations, le 27 juin 1984, après un coup franc tiré par Michel Platini.

*L'**arbitre** est chargé de faire respecter les règles du jeu. Il siffle les fautes commises par les joueurs et donne un carton jaune ou rouge selon la gravité de l'infraction.*

ARRÊT DE JEU
Lorsque l'enjeu est crucial pour une équipe, il arrive que les joueurs se surpassent lors des ultimes minutes. Le Bayern Munich s'est illustré lors de la Coupe de la Ligue 2009 en marquant trois buts lors des arrêts de jeu de la deuxième mi-temps… Un contre son adversaire et deux contre son camps !

◀◀ *Les* ***arbitres assistants.*** *Ils sont au nombre de deux et leur rôle consiste à signaler les sorties de balle et les positions de hors-jeu.*

●ARRÊT DE JEU

Interruption provisoire du match demandée par l'arbitre. Cette décision peut être prise pour des raisons concernant le jeu, comme le remplacement ou la blessure d'un joueur, un coup franc… ou des causes extérieures au match telles que l'irruption de spectateurs sur le terrain, la présence d'objets gênants (projectiles, fumigènes…).
Le temps des arrêts de jeu est comptabilisé par l'arbitre. Celui-ci va l'ajouter au temps réglementaire et laisser ainsi les joueurs regagner ce temps qu'ils ont « perdu ». C'est ce que l'on appelle « jouer les arrêts de jeu ».

À SAVOIR : lors des grands matches, la durée de ce que l'on appelle désormais le « temps additionnel » est signalée par un panneau lumineux brandi par le quatrième arbitre sur le banc de touche pour que chacun puisse le voir.

●AUBAMEYANG (PIERRE-EMERICK)

voir page 14.

●AVANTAGE

Lorsqu'une faute est commise contre une équipe, mais que celle-ci peut en tirer un avantage (par exemple poursuivre son attaque, marquer un but…), l'arbitre peut choisir de ne pas la siffler immédiatement.
Cette règle qui consiste à « laisser jouer l'avantage » fut instaurée en 1903 par l'International Football Association Board (la Fédération internationale de football, à l'origine des règles de ce sport).

ATTENTION : depuis 1996, l'arbitre peut revenir à la faute commise après avoir laissé le jeu évoluer quelques secondes s'il estime que l'équipe lésée par la faute n'en a finalement pas tiré avantage.

●AVERTISSEMENT

Un joueur reçoit un avertissement s'il commet une des sept fautes suivantes : comportement antisportif (gêne d'un joueur, tirage de maillot…), désapprobation en paroles ou en actes (c'est-à-dire manifester son mécontentement vis-à-vis de l'arbitre), infractions persistantes aux lois du jeu (fautes successives…), obstacle à la reprise du jeu, non-respect de la distance réglementaire lors d'un coup de pied de coin (corner) ou d'un coup franc, entrée ou sortie sur le terrain sans autorisation de l'arbitre.

DANIEL ALVES

FICHE D'IDENTITÉ
Naissance : 6 mai 1983,
à Juazeiro, Brésil
Taille : 1,73 m
Poste : défenseur latéral droit
Surnom: Dani

Daniel Alves da Silva – connu sous le nom de Dani Alves – rêvait d'être attaquant et de marquer des buts. Son papa, Domingos, entraîneur de l'équipe où jouait le petit Dani, avait d'autres idées pour le fiston. Il l'a repositionné arrière droit. Papa avait bien vu. Dani Alves est devenu le meilleur arrière droit du monde, un défenseur avec un vrai penchant pour l'attaque, un joueur brésilien comme on les aime avec un talent fou.

Après ses premiers pas professionnels avec le club brésilien de Esporte Clube Bahia, les Espagnols du FC Séville ont convaincu Dani Alves de quitter son pays pour tenter l'aventure en Europe. Bien vu ! Pendant six saisons chez les Andalous, Alves n'a cessé de progresser et a aidé son club à remporter la Coupe de l'UEFA deux fois et de gagner la Copa del Rey (la Coupe d'Espagne). Avec sa vélocité, sa hargne et son œil pour la contre-attaque, Dani Alves est devenu la cible de tous les grands clubs européens et, après une lutte acharnée, c'est le FC Barcelone qui, en 2008, fait signer le fantasque Brésilien. C'est le début d'une aventure glorieuse. Lors de sa toute première saison en Catalogne, Alves récolte cinq titres – le championnat d'Espagne, la Coupe d'Espagne, la Supercoupe d'Espagne, la Supercoupe d'Europe et la Coupe du monde des clubs ! Après une saison à la Juventus de Turin, au cours de laquelle il gagne le championnat et la Coupe d'Italie, l'arrière brésilien rejoint le PSG en 2017. Celui que ses coéquipiers surnomment « Good Crazy » rêve désormais de remporter sa quatrième Ligue des champions avec son nouveau club.

PIERRE-EMERICK AUBAMEYANG

FICHE D'IDENTITÉ
Naissance : 18 juin 1989
à Laval, France
Taille : 1,87 m
Poste : attaquant
Surnoms : Usain Bolt, Eto'o

Chez les Aubameyang, on a le football dans le sang. Le père est un international gabonais qui a évolué dans de nombreux clubs français et les deux frères sont aussi joueurs professionnels. Enfant, Pierre-Emerick reproduit des stades en jouet dans sa chambre. Alors qu'il a 18 ans, son père lui promet que s'il marque 6 buts au cours de la saison avec son club de Bastia, il le présentera au Milan AC. Le jeune franco-gabonais en inscrit 8 et gagne son ticket pour l'Italie. C'est le début d'une carrière fulgurante. Il faut dire qu'Aubameyang est l'un des joueurs les plus rapides du monde. Sa pointe de vitesse est telle que ses coéquipiers le surnomment Usain Bolt, le recordman du 100 m. Avant-centre du Borussia Dortmund jusqu'à fin 2017, le Gabonais évolue depuis sous les couleurs d'Arsenal, club londonien pour lequel il marqué un but dès son premier match. Star de l'équipe nationale du Gabon, il est considéré comme le meilleur joueur africain en 2015, et pour le Bundesliga en 2016. Vu comme l'un des plus grands attaquants de la planète, Aubameyang ne se prend pas pour autant au sérieux : il n'hésite pas à enfiler un masque de Batman ou Spiderman après avoir marqué, ou à régaler ses supporters en effectuant un salto avant. Buteur hors pair, « Auba » est aussi aussi un sacré showman !

Cette sanction date de 1880, mais depuis 1970, pour la signaler à un joueur, l'arbitre brandit un carton jaune. Le joueur qui reçoit deux avertissements durant un match est exclu du terrain, car deux cartons jaunes équivalent à un carton rouge. En raison de sa couleur, le carton jaune est aussi appelé « biscotte » !

À SAVOIR : si un joueur cumule deux avertissements au cours de plusieurs matches (dont le nombre dépend de la compétition) sur une courte durée, il est suspendu (c'est-à-dire qu'il n'aura plus le droit de jouer pendant une période déterminée par sa fédération – généralement un match).

BALE (GARETH)

voir page 17.

BALLE À TERRE (OU ENTRE-DEUX)

Après une interruption temporaire du match, l'arbitre laisse tomber la balle à terre entre deux joueurs (d'où son nom) signifiant ainsi la reprise du match.

BALLON

Si l'on trouve des traces de jeux utilisant une balle depuis la nuit des temps, le premier ballon de foot

b

BALE *(GARETH)*
BALLE À TERRE
BALLON
BALLON D'OR
BANC DE TOUCHE
BEACH-SOCCER
BECKENBAUER *(FRANZ)*
BECKHAM *(DAVID)*
BENZEMA *(KARIM)*
BÉQUILLE
BEST *(GEORGE)*
BÉTONNER
BICYCLETTE
BLANC *(LAURENT)*
BLEU
BLOC
BLOCAGE
BRASSARD
BROSSER
BUFFON *(GIANLUIGI)*
BUT

moderne fut quant à lui créé en Angleterre vers les années 1860. Il s'agissait d'une vessie de caoutchouc gonflée à la pompe et recouverte de lanières de cuir cousues les unes aux autres. Ce modèle a bien sûr évolué au fil des ans pour devenir le ballon que l'on connaît aujourd'hui.

Pour être réglementaire, celui-ci doit évidemment être sphérique, mais il faut qu'il réponde aussi à d'autres critères :

– Il doit être en cuir ou fabriqué dans une autre matière (synthé-tique...) convenant au jeu.

– Sa circonférence doit être com-prise entre 68 et 70 centimètres.

– Son poids doit être compris entre 410 et 450 grammes.

– Au début du match, sa pression doit se situer entre 600 et 1 100 grammes par cm^2.

À SAVOIR : on distingue le football du rugby notamment par la forme de leur ballon, respectivement rond et ovale. Le « ballon rond » est ainsi devenu un synonyme de football.

▲ *Un **ballon** de football moderne dont l'enveloppe extérieure est composée de 32 panneaux en cuir cousus ensemble (20 hexagones blancs et 12 pentagones noirs).*

Brazuca, ▲
*le **ballon** officiel de la Coupe du monde de football 2014, au Brésil. Brazuca signifie « Brésilien » de manière familière.*

Telstar 18, ▲
*le **ballon** officiel du Mondial 2018, en Russie. Telstar doit son nom à la contraction de l'expression « Star de la télévision ».*

GARETH BALE

Le monde du football a vraiment découvert Gareth Bale lors d'une mémorable soirée à Milan, le 20 octobre 2010. Son club, Tottenham Hotspur, jouait contre l'Inter Milan en Ligue des champions. Les Anglais, réduits à 10 joueurs suite à l'exclusion de leur gardien de but après seulement 9 minutes, étaient menés 4-0 à la pause. C'est le moment que choisit le jeune Gallois pour se mettre en évidence et tirer son équipe vers une qualification plus qu'improbable. Les Spurs n'ont perdu que 4-3 finalement et, grâce une nouvelle fois à un Bale intenable lors du match retour à Londres, les Anglais se sont imposés au tour suivant avec une victoire, 3-1.

Trois ans plus tard, Bale était devenu le joueur le plus cher de l'histoire avec un transfert vers le Real Madrid pour 100 millions d'euros ! Le Real a gagné la Coupe d'Espagne et la Ligue des champions – pour la dixième fois de son histoire – au bout de sa première saison à Madrid et Bale a marqué dans les deux finales ! Celui qui fut arrière gauche avec Southampton et les Spurs est devenu un attaquant redoutable. Craint pour sa vitesse, Bale sait tout faire. Naturellement gaucher, il marque aussi avec son pied droit, il est un formidable tireur de coups francs et il inscrit beaucoup de buts de la tête grâce à une détente hors norme.

FICHE D'IDENTITÉ
Naissance : 16 juillet 1989, à Cardiff, Royaume-Uni
Taille : 1,83 m
Poste : ailier

LE SAVIEZ-VOUS ?

• Très attaché à son pays de naissance, Bale a joué un rôle prépondérant dans la qualification du pays de Galles pour l'Euro 2016 en France. Les Gallois ne s'étaient plus qualifiés pour un tournoi majeur depuis la Coupe du monde de 1958 mais avec un Gareth Bale souvent décisif, auteur de sept buts au total, que la fête fut belle dans les rues de Cardiff une fois le billet pour l'Euro empoché !

BALLON D'OR (FIFA BALLON D'OR) PALMARÈS

ANNÉE	NOM DU JOUEUR	PAYS D'ORIGINE	CLUB	POSTE
1956	Stanley Matthews	Angleterre	Blackpool FC (Angleterre)	Milieu
1957	Alfredo Di Stefano	Espagne	Real Madrid (Espagne)	Attaquant
1958	Raymond Kopa	France	Real Madrid (Espagne)	Milieu
1959	Alfredo Di Stefano	Espagne	Real Madrid (Espagne)	Attaquant
1960	Luis Suárez	Espagne	FC Barcelone (Espagne)	Milieu
1961	Omar Sivori	Italie	Juventus (Italie)	Attaquant
1962	Josef Masopust	Tchécoslovaquie	Dukla Prague (Tchécoslovaquie)	Milieu
1963	Lev Yachine	Union Soviétique	Dynamo de Moscou (URSS)	Goal
1964	Denis Law	Écosse	Manchester United (Angleterre)	Attaquant
1965	Eusebio	Portugal	Benfica (Portugal)	Attaquant
1966	Bobby Charlton	Angleterre	Manchester United (Angleterre)	Milieu
1967	Flórian Albert	Hongrie	Ferencvaros (Hongrie)	Attaquant
1968	George Best	Irlande du Nord	Manchester United (Angleterre)	Milieu
1969	Giovanni Rivera	Italie	Milan AC (Italie)	Milieu
1970	Gerhard Muller	Allemagne	Bayern Munich (Allemagne)	Attaquant
1971	Johan Cruyff	Pays-Bas	Ajax Amsterdam (Pays-Bas)	Attaquant
1972	Franz Beckenbauer	Allemagne	Bayern Munich (Allemagne)	Défenseur
1973	Johan Cruyff	Pays-Bas	FC Barcelone (Espagne)	Attaquant
1974	Johan Cruyff	Pays-Bas	FC Barcelone (Espagne)	Attaquant
1975	Oleg Blokhine	Union Soviétique	Dynamo de Kiev (URSS)	Attaquant
1976	Franz Beckenbauer	Allemagne	Bayern Munich (Allemagne)	Défenseur
1977	Allan Simonsen	Danemark	Borussia Mönchengladbach (Allemagne)	Attaquant
1978	Kevin Keegan	Angleterre	Hambourg SV (Allemagne)	Attaquant
1979	Kevin Keegan	Angleterre	Hambourg SV (Allemagne)	Attaquant
1980	Karl-Heinz Rummenigge	Allemagne	Bayern Munich (Allemagne)	Attaquant
1981	Karl-Heinz Rummenigge	Allemagne	Bayern Munich (Allemagne)	Attaquant
1982	Paolo Rossi	Italie	Juventus Turin (Italie)	Attaquant
1983	Michel Platini	France	Juventus (Italie)	Milieu
1984	Michel Platini	France	Juventus (Italie)	Milieu
1985	Michel Platini	France	Juventus (Italie)	Milieu

ANNÉE	NOM DU JOUEUR	PAYS D'ORIGINE	CLUB	POSTE
1986	Igor Belanov	Union Soviétique	Dynamo de Kiev (URSS)	Attaquant
1987	Ruud Gullit	Pays-Bas	Milan AC (Italie)	Milieu
1988	Marco Van Basten	Pays-Bas	Milan AC (Italie)	Attaquant
1989	Marco Van Basten	Pays-Bas	Milan AC (Italie)	Attaquant
1990	Lothar Matthäus	Allemagne	Inter Milan (Italie)	Milieu
1991	Jean-Pierre Papin	France	Olympique de Marseille (France)	Attaquant
1992	Marco Van Basten	Pays-Bas	Milan AC (Italie)	Attaquant
1993	Roberto Baggio	Italie	Juventus (Italie)	Milieu
1994	Hristo Stoitchkov	Bulgarie	FC Barcelone (Espagne)	Attaquant
1995	George Weah	Liberia	Milan AC (Italie)	Attaquant
1996	Matthias Sammer	Allemagne	Borussia Dortmund (Allemagne)	Défenseur
1997	Ronaldo	Brésil	Inter Milan (Italie)	Attaquant
1998	Zinedine Zidane	France	Juventus (Italie)	Milieu
1999	Rivaldo	Brésil	FC Barcelone (Espagne)	Milieu
2000	Luis Figo	Portugal	Real Madrid (Espagne)	Milieu
2001	Michael Owen	Angleterre	Liverpool FC (Angleterre)	Attaquant
2002	Ronaldo	Brésil	Real Madrid (Espagne)	Attaquant
2003	Pavel Nedved	Républ. tchèque	Juventus Turin (Italie)	Milieu
2004	Andreï Shevchenko	Ukraine	Milan AC (Italie)	Attaquant
2005	Ronaldinho	Brésil	FC Barcelone (Espagne)	Milieu
2006	Fabio Cannavaro	Italie	Real Madrid (Espagne)	Défenseur
2007	Kaká	Brésil	Milan AC (Italie)	Milieu
2008	Christiano Ronaldo	Portugal	Manchester United (Angleterre)	Attaquant
2009	Lionel Messi	Argentine	FC Barcelone (Espagne)	Attaquant
2010	Lionel Messi	Argentine	FC Barcelone (Espagne)	Attaquant
2011	Lionel Messi	Argentine	FC Barcelone (Espagne)	Attaquant
2012	Lionel Messi	Argentine	FC Barcelone (Espagne)	Attaquant
2013	Cristiano Ronaldo	Portugal	Real Madrid (Espagne)	Attaquant
2014	Cristiano Ronaldo	Portugal	Real Madrid (Espagne)	Attaquant
2015	Lionel Messi	Argentine	FC Barcelone (Espagne)	Attaquant
2016	Cristiano Ronaldo	Portugal	Real Madrid (Espagne)	Attaquant
2017	Cristiano Ronaldo	Portugal	Real Madrid (Espagne)	Attaquant

BALLON D'OR

voir pages 18-19

C'est le nom du trophée attribué tous les ans à un joueur évoluant en Europe. Ce sont des journalistes, des capitaines de sélections nationales et des sélectionneurs qui votent en faveur du footballeur qu'ils considèrent comme le meilleur. Depuis juillet 2010, le magazine *France Football,* est co organisateur du trophée avec la FIFA.

BANC DE TOUCHE

Le banc de touche est situé au bord du terrain. C'est là que prennent place l'entraîneur et les remplaçants pour regarder le match. Un banc de touche est attribué à chacune des équipes. On a tiré de cet élément quelques expressions amusantes comme « chauffer (ou cirer) le banc », utilisée lorsqu'un remplaçant n'est pas appelé pour jouer, ou « faire un banc », qui veut dire figurer sur la liste des remplaçants. (j'ai joué deux matches et j'ai fait un banc… »).

BEACH-SOCCER

Déclinaison du football (soccer) qui, comme son nom l'indique, se joue sur la plage (beach).
Le beach-soccer oppose deux équipes de cinq joueurs. Sur le

*Depuis plusieurs années, notamment sous l'influence des frères Cantona, le **beach-soccer** s'est largement développé et rassemble de nombreux adeptes dans le monde entier. Spectaculaires et animées, les compétitions attirent chaque année de plus en plus de spectateurs.* ▶

banc de touche se trouvent trois remplaçants qui peuvent intervenir à tout moment. Les joueurs évoluent pieds nus sur un terrain de sable mesurant 37 m de long sur 28 m de large. Les lignes de but mesurent 10 m de large, la surface de réparation (voir Terrain) est délimitée par quatre drapeaux jaunes. Le match se déroule sur trois périodes de 12 minutes chacune.
Née au Brésil, cette discipline est populaire en France depuis la fin des années 1990 grâce notamment à Éric Cantona et son frère Joël qui se sont pris de passion pour ce sport. L'année 2004 marque à la fois la reconnaissance de ce sport par la FIFA et la victoire de l'équipe de France (sélectionnée et entraînée par Éric Cantona) en championnat du monde.
Après la première coupe du monde créée en 2005, le beach-soccer est, depuis 2008 une discipline olympique.

●BECKENBAUER (FRANZ)

Joueur et entraîneur allemand, né le 11 septembre 1945, à Munich (Allemagne). Défenseur.
Il commence sa carrière à 13 ans dans la section « espoirs » du Bayern de Munich. À 18 ans, il fait son entrée dans l'équipe première du club au poste d'ailier gauche. Très longtemps fidèle au Bayern, c'est au poste de libéro qu'il fera une grande partie de sa carrière, alliant une maîtrise du jeu et des capacités défensives hors du com-

▲
Cité comme l'un des plus grands libéros au niveau mondial, ***Franz Beckenbauer*** *est assurément le plus grand joueur de football que l'Allemagne ait connu.*

mun. Ces qualités lui vaudront le surnom de Kaiser (l'empereur). L'une de ses prestations les plus remarquées eut lieu lors de la Coupe du monde de 1970 au Mexique lorsqu'il joua une bonne partie de la demi-finale contre l'Italie le bras en écharpe, avec une épaule démise ! En 1974, il remportera l'épreuve avec son équipe nationale.

À la fin de sa carrière, il s'éloigne de Munich pour aller jouer aux États-Unis, au New York Cosmos, d'abord de 1977 à 1980, puis de mai à septembre 1983. Entre-temps, il joue au Hambourg SV.

En 1984, il revient dans son pays natal pour prendre les commandes en tant qu'entraîneur de l'équipe nationale qu'il mènera en finale du Mondial 1986. Battue cette année-là, l'Allemagne prend sa revanche en 1990 et remporte la Coupe du monde, toujours sous sa direction. De septembre à décembre 1990, il fait un bref séjour en tant qu'entraîneur de l'Olympique de Marseille, puis revient en Allemagne à la tête du Bayern qu'il conduit à la première place du championnat national en 1994. Il reste entraîneur du club jusqu'en juin 1996, année de la victoire en Coupe de l'UEFA, puis en devient le président.

En 2006, il est à la fois président du Bayern de Munich et du Mondial qu'il organise avec succès.

George Best : *« J'avais une maison au bord de la mer. Mais pour aller à la plage, il fallait passer devant un bar. Je n'ai jamais vu la mer. »*

BECKHAM (DAVID)

voir page ci-contre.

BENZEMA (KARIM)

voir page 27

BÉQUILLE

C'est un coup de genou reçu sur le côté de la cuisse. On l'appelle « béquille », car la douleur qu'il provoque fait boiter pendant quelques minutes le joueur victime de ce coup.

BEST (GEORGE)

Joueur britannique (1946-2005). Avant-centre et ailier.

Après une enfance difficile passée dans un quartier très pauvre de Belfast, George Best est repéré à 15 ans par Bob Bishop, alors recruteur pour l'équipe de Manchester United. Ses talents convainquent immédiatement les dirigeants du club dans lequel il fait ses débuts officiels en 1963.
Joueur hors du commun, tant par ses qualités de dribbleur que pour ses buts extraordinaires, George Best a largement contribué aux succès de son club jusqu'en 1968, date à laquelle il est couronné Ballon d'or.
Il a néanmoins du mal à assumer son succès et sa notoriété (il recevait à l'époque plus de 10 000 lettres de supporters enthousiastes par semaine...) et multiplie peu à peu les excès. Il dépense ainsi une grande partie de ses revenus aux jeux et abuse de l'alcool. Sa forme physique s'en ressent et il perd petit à petit la confiance de ses dirigeants ; en 1974, il est renvoyé de Manchester United ; il n'a que 27 ans. Il enchaîne alors les contrats entre l'Angleterre et les États-Unis avec des équipes de moindre importance et prend officiellement sa retraite dix ans plus tard. Il reste malgré tout un joueur très populaire en Grande-Bretagne où il est élu sportif britannique du siècle en 1995.

DAVID BECKHAM

FICHE D'IDENTITÉ
Naissance : 2 mai 1975, à Leytonstone, Royaume-Uni
Taille : 1,82 m
Poste : milieu de terrain
Surnoms : Becks, Golden Balls

LE SAVIEZ-VOUS ?

« Il ne sait pas tirer du pied gauche, il ne peut pas taper une balle de la tête, il ne peut pas tacler et marque peu de buts. À part ça, il est pas mal. »

George Best
parlant de David Beckham.

Joueur anglais, né le 2 mai 1975, à Leytonstone, banlieue proche de Londres (Royaume-Uni), David Beckham est attaquant puis milieu de terrain offensif (droit).
Dès 1989, le jeune David rejoint les rangs du club mythique de Manchester United. Vainqueur, en 1992, de la FA Youth Cup (l'équivalent anglais de la Coupe Gambardella), il signe dans la foulée son premier contrat professionnel avec Manchester United, club dans lequel il développe ses immenses talents d'attaquant et de tireur, notamment sur coup de pied arrêté. Il se fait remarquer grâce à un but tiré du milieu de terrain alors que le gardien adverse, trop éloigné de sa cage, se fait lober par le jeune attaquant.
Il fait ses premiers pas en équipe nationale en 1997 et participe à la Coupe du monde de 1998.
Pression trop forte ou manque d'expérience, il se fait expulser du match contre l'Argentine en huitième de finale et se met à dos une grande partie des supporters anglais qui lui reprochent d'avoir contribué à l'élimination de leur équipe. Il fait vite taire ses détracteurs en enchaînant les victoires avec Manchester United qui, au cours de la saison 1998-1999, remporte à la fois le Championnat et la Coupe d'Angleterre ainsi que la Ligue des champions.
Ses participations dans l'équipe nationale sont cependant moins brillantes, jusqu'au but qu'il signe le 6 octobre 2001, en tant que capitaine, qualifiant ainsi son pays pour le Mondial 2002.
Ses relations avec l'entraîneur Alex Ferguson étant de plus en plus tendues dans son club, il rejoint les rangs du Real Madrid en 2003 après un transfert de 35 millions d'euros. Il devient l'une des stars du club où il côtoie des joueurs aussi célèbres et talentueux que Figo, Zidane ou Raul, avec lequel il emporte le titre de champion d'Espagne en 2007. Le 11 janvier 2007, Beckham signe dans la foulée avec le club américain de Los Angeles Galaxy le plus gros contrat jamais proposé à un joueur avec 250 millions de dollars pour cinq ans. En 2009 et 2010, les Américains le prêtent aussi au Milan AC où son talent fait merveille. Fin 2012, Beckham quitte les Los Angeles Galaxy après les avoir aidés à remporter deux fois de suite le championnat américain et rejoint le Paris Saint-Germain pour finir sa brillante carrière avec encore un titre de champion !
Grâce à son pouvoir médiatique, notamment développé après son mariage avec Victoria, ancienne Spice Girl, Beckham enchaîne les contrats publicitaires qui font de lui l'un des joueurs les mieux payés de la planète.

●BÉTONNER

Système de jeu consistant à renforcer en priorité la défense de son camp en bouchant ses trous éventuels.
On emploie ce terme en référence au béton utilisé en maçonnerie, qui remplit parfaitement les orifices !
S'il est souvent efficace, ce système est néanmoins préjudiciable à la beauté du match, car il s'en trouve souvent bloqué, ce qui limite le spectacle.

▲
David Beckham
se prépare à un roulé-boulé après ce grand bond au-dessus de son adversaire, autant pour éviter de le blesser que pour se préserver lui-même.

BICYCLETTE

Il s'agit d'une reprise de volée au cours de laquelle le joueur lance ses jambes en l'air et frappe la balle du pied en faisant un ciseau.
Ce mouvement rappelle la forme d'une roue de bicyclette avec ses rayons, d'où son nom.

BLANC (LAURENT)

Joueur et entraîneur français, né le 19 novembre 1965 à Alès (France).

Formé à Montpellier, il débute en équipe première en 1983. Son excellente vision du jeu et sa technique en font un bon milieu de terrain offensif. C'est pourtant au poste de libéro qu'il montre tout son talent. En 1991, Laurent Blanc rejoint le SSC Naples, puis il revient en France en 1992 pour le Nîmes Olympique, et en 1993, l'AS Saint-Étienne. Guy Roux le recrute pour l'AJ Auxerre en 1995. Un an plus tard, c'est l'aventure espagnole avec le FC Barcelone, puis, de 1997 à 1999, l'Olympique de Marseille. Entre-temps, il y aura la Coupe du monde 1998 où il est un coéquipier exemplaire, même si un carton rouge le prive de la finale. On se souviendra surtout de son rituel avec Barthez, dont il embrassait le crâne rasé avant chaque match. Après un passage à l'Inter Milan entre 1999 et 2001, puis à Manchester United entre 2001 et 2003, il prend sa retraite de joueur et entame une carrière d'entraîneur. Il gagne le titre de champion de France avec Bordeaux, passe deux années à la tête de l'équipe de France, puis devient coach du PSG. Pour la saison 2015/2016, le PSG de Blanc remporte un quadruplé inédit: championnat de France, Coupe de France, Coupe de la Ligue et Trophée des champions !

BLEUS

« Allez les Bleus ! » : encouragement donné aux membres de l'équipe de France en référence à la couleur de leur maillot.

« Allez les Bleus »
Banderoles, drapeaux, écharpes, blousons, maillots et maquillage… Tout est bon pour soutenir l'équipe nationale.

B

KARIM BENZEMA

FICHE D'IDENTITÉ
Naissance : 19 décembre 1987, à Lyon, France
Taille : 1,82 m
Poste : attaquant

Il est des carrières qui semblent toutes tracées. Karim Benzema commence la sienne à 9 ans, en signant à l'Olympique lyonnais. Il suit alors la difficile formation des jeunes champions à Clairefontaine, centre d'excellence. De retour à Lyon, il poursuit parallèlement des études d'informatique, mais la légende veut que les dirigeants de l'OL soient venus le chercher en plein cours pour lui faire démarrer l'entraînement avec les pros l'après-midi même.
D'ailleurs, difficile de dire ce que Benzema ne sait pas faire sur un terrain. Quel que soit l'endroit où il se trouve, il est capable de dribbles de folie pour aller marquer, comme s'il était irrésistiblement attiré vers les cages du gardien. Cela ne l'empêche cependant pas de privilégier le jeu collectif, et il n'est jamais avare d'une passe qu'il sait décisive.
Preuve de son potentiel, le Real Madrid le réclame à l'été 2009, le président du célèbre club espagnol fait même le déplacement jusque chez Benzema pour le convaincre !
S'il brille davantage en club que sous le maillot de l'équipe de France, il reste un attaquant de poids avec qui il faut compter.
Malgré son talent et ses 81 sélections chez les Bleus, il reste le mal-aimé des sélectionneurs de l'équipe de France. Absent du Mondial 2010, il est mis à l'écart de l'Euro 2016 par Didier Deschamps. En 2012, il devient le meilleur buteur français de l'histoire de la Liga, le meilleur buteur français de l'histoire du Real Madrid et, depuis 2017, le meilleur buteur français de la Ligue des champions !

BLOC

Ensemble d'une équipe ou partie d'une équipe. On parle « du bloc de défense » pour souligner que c'est un groupe de joueurs soudés. On dit que les joueurs doivent « faire bloc », c'est-à-dire se déplacer de manière homogène, en respectant des intervalles constants, afin notamment de ne pas créer des espaces où des adversaires pourraient s'engouffrer.

BLOCAGE

1. Action du gardien de but qui consiste à arrêter la balle en la bloquant entre ses mains.
2. Geste de base d'un joueur qui stoppe la balle net sous son pied. Si la balle n'est pas immobilisée, on parle alors d'un « semi-blocage ».

BRASSARD

Il s'agit d'une bande de tissu que le capitaine de l'équipe enfile entre le coude et l'épaule et qui aide l'arbitre à l'identifier sur le terrain.

▶ *Comme suspendu par un fil au-dessus de la pelouse, Karim Benzema réalise une reprise de volée très spectaculaire appelée une* ***bicyclette.***

B
DIRECT
OM
18

À SAVOIR : si un décès a eu lieu dans un club (joueur, entraîneur, dirigeant…), les équipiers portent un brassard noir en hommage à la personne disparue.

●BROSSER

Brosser un ballon signifie le frapper légèrement sur le côté de telle manière qu'il tourne rapidement sur lui-même et que sa trajectoire – en volant – soit incurvée (comme s'il effectuait un arc de cercle au lieu d'aller tout droit).
Cette technique est notamment employée lors des coups francs directs pour que la balle passe par-dessus ou contourne un mur de défenseurs. Platini et Zidane figuraient parmi les joueurs doués pour réussir ce genre de tir !

●BUFFON (GIANLUIGI)

voir page ci-contre.

●BUT

1. Élément composé de deux poteaux et d'une barre transversale sur lesquels sont tendus des filets qui recouvrent les côtés et l'arrière de ce que l'on appelle familièrement la « cage ». On trouve un but de chaque côté du terrain ; le jeu consiste à aller mettre le ballon dans celui de l'équipe adverse.

2. On dit qu'il y a but quand le ballon a franchi entièrement la ligne située au sol, parallèlement à la barre transversale. L'équipe qui a mis le plus de buts remporte le match.
Les buts ne sont pas toujours marqués par l'équipe adverse… Il arrive en effet qu'à la suite d'une maladresse (voir Arconada) ou d'un geste malencontreux un joueur marque « contre son camp », c'est-à-dire contre sa propre équipe ! Dans ce cas, le but est attribué à l'équipe adverse.
Certains buts marqués dans des circonstances particulières portent des noms spéciaux.

– La « mort subite » (ou **« but en or »**) **:** dans certaines épreuves, quand deux équipes sont à égalité à la fin du temps réglementaire, la première qui marque a gagné le match.

ATTENTION : cette règle instau-rée lors de l'Euro 1996 ne s'applique plus dans les compétitions internationales depuis 2002.

GIANLUIGI BUFFON

FICHE D'IDENTITÉ
Naissance : 28 juillet 1978, à Carrare, Italie
Taille : 1,90 m
Poste : gardien de but
Surnoms : Super Gigi, Superman

Lorsqu'on naît dans une famille de sportifs, il y a de grandes probabilités pour que l'on soit attiré par les activités physiques. Gianluigi Buffon aurait pu choisir l'haltérophilie et le lancer de disque comme ses parents, mais il préfère opter pour le foot : une chance pour l'Italie ! Il faut dire qu'il est le neveu de Lorenzo Buffon, un célèbre gardien maintes fois sélectionné en équipe nationale. Alors que la plupart de ses confrères sont au sommet de leur carrière à 30 ans, il est déjà considéré, à 17, comme l'un des plus doués de la planète.

Force de concentration à l'état pur, Buffon ne s'éloigne jamais trop de sa ligne de but et focalise toute son énergie sur la trajectoire du ballon, qu'il semble anticiper d'une manière quasi mathématique.

Même s'il ne prend pas toujours la peine de sortir de ses cages pour dévier les ballons aériens, il entame souvent un véritable duel avec les attaquants qui s'approchent de lui, balle au pied. Son aura est telle que certains se laissent parfois impressionner par son regard noir, et manquent un tir qui semblait tout acquis.

Mais après 20 ans avec la Squadra Azzura, celui que ses compatriotes surnomment « Superman » met fin, en larmes, à sa carrière internationale en novembre 2017 : tenue en échec par la Suède, l'Italie vient d'être privée de la Coupe du monde 2018, un véritable drame national.

LE SAVIEZ-VOUS ?

• Après des débuts professionnels impressionnants à Parme, Buffon rejoint la Juventus ; ses arrêts parfois miraculeux ont aidé la célèbre équipe de Turin à remporter le championnat d'Italie 2002, 2003, 2012, 2013, 2014 et 2015).

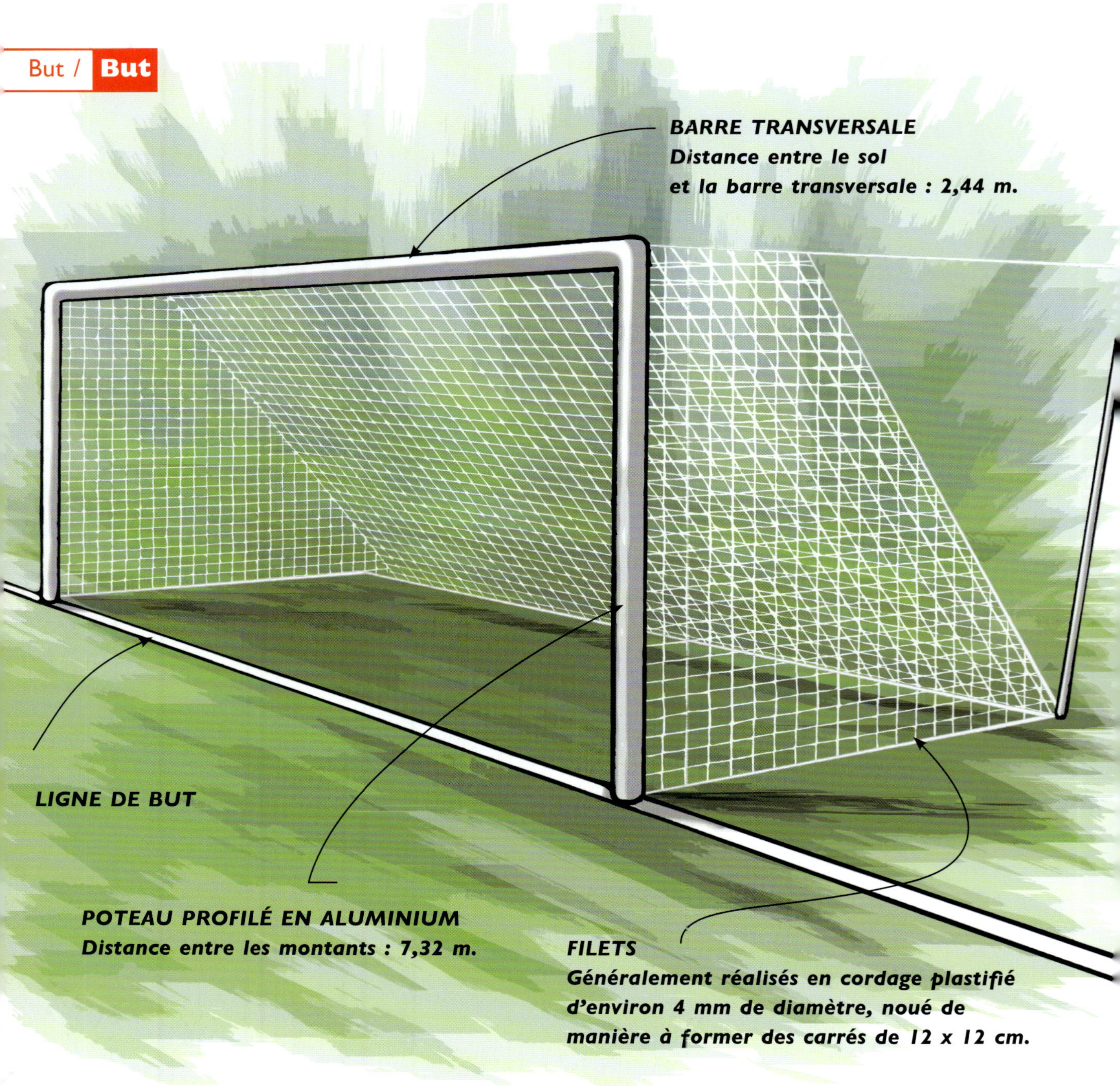

▲ *La cage de **but** doit respecter des mesures précises. Les poteaux ont même été l'objet d'une étude… Une société française les fabrique maintenant avec une section ovale pour qu'il y ait moins de rebond lors des tirs.*

– « Le coup du chapeau » : c'est le fait pour un même joueur de marquer trois buts pendant le même match. Cette expression, qui vient de l'anglais *hat trick*, est empruntée au cricket : un joueur qui parvenait à franchir trois guichets à la suite se voyait offrir un chapeau (ou une casquette), signe d'appartenance à l'équipe. On parle de « coup du chapeau parfait » lorsque les trois buts sont marqués les uns à la suite des autres.

– « Le but casquette » : c'est celui qui est marqué à cause d'une grosse erreur du gardien ou de la défense. Par exemple, un arconada est un but casquette !

Chaque joueur a une manière particulière de manifester sa joie lorsqu'il marque un ***but****. La légende veut que ce soit Roger Milla qui, le premier, se soit mis à esquisser des pas de danse...*

▼

C

CANTONA (ÉRIC)

« Un Marseillais, Monsieur Brun, s'il voit un chapeau melon sur le trottoir, il ne peut pas se retenir, il shoote. »

Marcel Pagnol, César

Joueur français né le 24 mai 1966, à Marseille. Attaquant.

Après un essai infructueux à l'OGC Nice, Éric Cantona, alors âgé de 16 ans, intègre l'équipe de réserve d'Auxerre (dirigée par Guy Roux) où ses talents lui ouvrent rapidement la porte de la D1.

Par amour, il quitte Auxerre et entre dans l'équipe de Martigues où il dispute son premier match, le 13 octobre 1985. Après une année en D2, il revient à Auxerre, fort d'une nouvelle expérience… et marié. Il reste six ans dans le club bourguignon. Ses talents d'attaquant lui offrent une première sélection et son premier but avec les Bleus, le 12 août 1987. En 1988, il quitte Auxerre pour Marseille après un transfert record pour l'époque : 22 millions de francs (près de 3,4 millions d'euros). Les bons résultats qu'il obtient avec son club ne suffisent cependant pas à compenser ses débordements sur le terrain, qui lui vaudront plusieurs suspensions et quelques mots avec ses entraîneurs…

Il quitte alors Marseille pour Bordeaux où il arrive le 15 février 1989. De juillet 1989 à juin 1990, il rejoint Montpellier, remporte au passage la Coupe de France, puis repart à l'OM où il restera jusqu'en juin 1991. En juillet, il entre au Nîmes olympique où il ne restera que six mois après une nouvelle expulsion du terrain. Il pense alors mettre un terme à sa carrière mais, sur les conseils de son ami Michel Platini, tente sa chance en Angleterre.

C'est à Leeds qu'il pose les crampons en février 1992 et participe largement à mener le club à la victoire en championnat. Des rapports tendus avec son entraîneur le poussent à partir pour Manchester United, l'ennemi juré de Leeds. De novembre 1992 à juin 1997, il y deviendra une véritable légende en aidant le club à remporter quatre titres de champion d'Angleterre.

Adulé par ses fans, Cantona n'entretient pas d'aussi bonnes relations avec ses adversaires… L'agression d'un spectateur qui l'avait insulté lors d'un match, le 25 janvier 1995, lui coûtera même huit mois de suspension. Autre ombre au tableau : il a également été souvent boudé par les sélectionneurs nationaux et n'a jamais vraiment brillé en équipe de France. Il décide de raccrocher les crampons en juin 1997 pour se consacrer au beach-soccer et à sa carrière d'acteur. Il renoue avec le foot en 2011 en devenant directeur sportif du New York Cosmos.

Personnage charismatique et médiatique, il joue dans de nombreuses publicités et plusieurs films, comme *Le bonheur est dans le pré* (1995), *Looking for Eric* (2009, où il joue son propre rôle), *Switch* (2010) et *Les Kaïra* (2012).

Son amour néanmoins tenace pour le football le mène vers le beach-soccer dont il est désormais l'un des fers de lance et un excellent ambassadeur.

Buste droit, menton arrogant, col de maillot relevé, bien planté sur ses appuis, ***Éric Cantona*** *« en impose », rien que par son attitude volontaire.*

▲
*Ce n'est pas son brassard de **capitaine** qui va empêcher Steven Gerrard de retomber lourdement sur le sol après ce croc-en-jambe qui va probablement être sanctionné par un **carton.***

●CAPITAINE

Le terme est emprunté au langage militaire. Le capitaine d'une équipe est un relais entre les joueurs et l'entraîneur. Il doit faire respecter par ses coéquipiers les stratégies et les consignes données par l'entraîneur, mais il est également leur porte-parole en cas de problème avec l'arbitre ou les dirigeants de l'équipe.

Avant que l'on décide de mettre des arbitres sur le terrain, le fait de respecter les règles du jeu relevait de la seule responsabilité des capitaines des deux équipes présentes sur le terrain.

Si ses responsabilités sont moins importantes aujourd'hui, le rôle du capitaine reste néanmoins déterminant pour la bonne marche de l'équipe. C'est pour cette raison que l'on nomme à ce type de

poste des personnes dont on pense qu'elles sauront montrer l'exemple, respecter les autres joueurs et se faire respecter par eux. Parmi les plus grands capitaines de l'équipe de France ces trente dernières années, on peut citer Michel Platini, Didier Deschamps ou Zinedine Zidane…
On reconnaît le capitaine au fait qu'il rentre sur le terrain à la tête de son équipe, et qu'il porte un brassard.

CARTON

Le joueur qui a commis une faute est sanctionné en fonction de la gravité de celle-ci.
L'arbitre brandit alors un carton qui, selon sa couleur, indique au joueur la sanction dont il écope.
L'usage du carton remonte à la Coupe du monde de 1970, qui a eu lieu au Mexique. Le premier joueur de l'histoire à avoir reçu un carton fut le Soviétique Evgeni Lovchev. C'est le Britannique Ken Aston, alors président de la commission arbitrale de la FIFA qui, inspiré par les feux de circulation tricolores, avait eu l'idée d'attribuer des couleurs différentes aux cartons.
On distingue ainsi :

– **« Le carton jaune ».** Il s'agit d'un avertissement donné par l'arbitre à un joueur ayant fait une faute.

– **« Le carton rouge ».** Il est attribué par l'arbitre à un joueur après que celui-ci a commis une faute grave (tacle, brutalité… ou un désormais célèbre « coup de boule »). Le carton rouge signifie l'expulsion : le joueur doit alors quitter le terrain et rentrer aux vestiaires immédiatement.

À SAVOIR : deux cartons jaunes équivalent à un carton rouge ; le joueur qui reçoit donc deux cartons jaunes lors d'un match (ou d'une compétition) est exclu du terrain (ou suspendu).

– **« Le carton vert ».** Il était brandi par l'arbitre lorsqu'un joueur était blessé, autorisant ainsi le soigneur à venir sur le terrain. Il n'est plus utilisé depuis 2003.

CATASTROPHES

L'histoire du football est marquée par de très beaux moments, mais aussi par un certain nombre de tragédies. Certaines ont touché des supporters, d'autres des joueurs.
Parmi les catastrophes les plus marquantes ayant eu lieu dans des stades, on peut citer la panique qui s'est propagée dans les tribunes de l'Estadio Nacional, au Pérou, en 1964, faisant plus de 320 morts et 800 blessés. Le même phénomène

SUPERFUN
9

s'est produit au Estadio River Plate, en Argentine, quatre ans plus tard, et s'est soldé par le décès de 80 personnes. On peut également citer, pour les mêmes raisons, la tragédie du Heysel (Belgique), en 1985, au cours de laquelle 39 supporters trouvèrent la mort, et plus de 600 personnes furent blessées, ou encore la panique au stade Hillsborough, à Sheffield (Grande-Bretagne), en 1989, qui causa 96 morts et près de 800 blessés.
L'un des accidents les plus marquants ayant eu lieu en France reste l'effondrement d'une tribune au stade corse de Furiani (ci-dessus), en 1992, où on dénombra 17 morts et plus de 2 400 blessés.
Certaines équipes furent, quant à elles, décimées dans des accidents d'avion. Ce fut notamment le cas du Torino Football Club, en 1949 : tous ses membres moururent lors du crash de leur avion sur la colline de Superga, près de Turin, alors qu'ils revenaient d'un match en Espagne.
La même tragédie frappa l'équipe de Manchester United, en février 1958. Après une victoire en Yougoslavie, leur avion avait fait escale à Munich. Pris dans une tempête de neige, il s'écrasa quelques minutes après le décollage. Sept joueurs trouvèrent la mort dans l'accident. Pour la petite histoire, l'un des survivants, Bobby Charlton, remportera la Coupe du monde avec son équipe nationale en 1966 et marquera, au cours de sa carrière, pas moins de 199 buts. L'équipe de Manchester retrouvera sa première distinction internationale en 1968, en remportant la Coupe d'Europe.

◀◀ *À en juger par l'expression du joueur sanctionné par l'arbitre, c'est sans doute le deuxième* ***carton jaune*** *qu'il reçoit dans ce match. L'arbitre va donc aggraver la peine et sortir un* ***carton rouge.*** *Le joueur devra alors quitter immédiatement le terrain et laisser ses équipiers terminer le match à dix, car un joueur expulsé n'est pas remplacé.*

◀ *L'enchevêtrement de poutrelles métalliques après la* ***catastrophe*** *de Furiani, le 5 mai 1992, qui fera 17 morts et plus de 2 400 blessés.*

EDINSON CAVANI

FICHE D'IDENTITÉ
Naissance : 14 février 1987, à Salto, Uruguay
Taille : 1,84 m
Poste : attaquant, ailier
Surnom : El Matador

On ne devrait pas être surpris lorsqu'on voit Edinson Cavani marquer de la tête parce que cet attaquant d'Uruguay est né dans la ville de Salto, du latin *saltare*, ce qui veut dire « sauter » ! Et qu'est-ce qu'il saute bien ! Cavani est un avant-centre à l'ancienne, qui se jette sur tous les ballons, qui met sa tête où d'autres n'oseraient pas mettre leur pied et qui est obsédé par le but.

Rares sont les numéros 9 comme lui dans le football d'aujourd'hui. Ce qui explique, sans doute, pourquoi le Paris Saint-Germain a versé 64 millions d'euros à Naples pour le faire signer en 2013, faisant de Cavani le joueur le plus cher dans l'histoire du football français.
Il joue pour le club uruguayen Danubio avant d'être recruté par les Italiens de Palerme en 2006. Celui qui admirait tout petit le goleador argentin Gabriel Batistuta trouve ses marques dans le championnat italien et un club plus huppé, le Napoli, vient le prendre. Dans cette ville passionnée par le football, Cavani devient un héros.
En trois saisons à Naples et en 138 matches, Cavani marque la bagatelle de 104 buts ! Il inscrit des triplés contre tous les grands adversaires du club et les Napolitains l'adorent. Cavani connaît pas mal de succès aussi avec son équipe nationale, où il côtoie l'autre star du football uruguayen, Luis Suárez.
Avec le PSG, Cavani fait partie des meilleurs buteurs européens toutes compétitions confondues, et il devient, en 2018, le meilleur buteur de l'histoire du club devant Ibrahimovic. Les arrivées de Neymar et Mbappé en 2017 auraient pu lui faire de l'ombre. Au contraire, l'Uruguayen constitue avec eux l'un des meilleurs trios offensifs du monde.

CAVANI (EDINSON)

voir page ci-contre.

CAVIAR (VOIR PASSE)

CECH (PETR)

voir page 43

CENTRE

Le centre possède plusieurs significations. C'est un endroit précis ou une action de joueur.

1. C'est la partie située exactement au milieu du terrain. Le centre sert de zone d'engagement, c'est-à-dire l'endroit précis – au centre du rond central – où doit être placée la balle au début de chaque mi-temps.

2. C'est la zone placée dans l'axe des buts.
C'est de là que viennent plusieurs expressions :

– **« Repiquer au centre »,** qui signifie, pour un joueur qui se trouvait sur un côté du terrain, revenir vers le milieu de celui-ci.

– **« Faire un centre en retrait »,** faire une passe vers le centre du terrain, après un débordement sur l'aile qui se termine près de la ligne de buts.

CHARGE

Action négative d'un joueur qui bouscule volontairement un adversaire pour l'empêcher de se saisir du ballon, et qui est sanctionné par l'arbitre (la charge sur le gardien notamment).

CHARNIÈRE

Dans le langage courant, une charnière est une pièce composée de deux éléments qui s'articulent. Par exemple, les pièces qui maintiennent une porte de placard en place et lui permettent de se fermer et de s'ouvrir sont des charnières.
Il en est de même au football ! On appelle donc « charnière » deux joueurs défensifs qui se complètent pour enrayer une attaque.

CHAUSSURES

Les chaussures sont des éléments fondamentaux dans l'équipement du joueur de football. C'est notamment pour cette raison que les grands fabricants offrent non seulement des chaussures aux joueurs, mais proposent aussi aux plus grandes vedettes des sommes d'argent très importantes pour qu'ils acceptent de bien vouloir porter leur marque sur le terrain

*Le **centre** du terrain (hachuré en jaune sur le dessin) se trouve à égale distance des deux buts. C'est sur le point blanc, au milieu du rond central, qu'est posé le ballon à l'engagement de chaque mi-temps.* ▼

▲ *Équipement primordial pour un footballeur, les **chaussures** sont de plus en plus légères et de toutes les couleurs !*

et dans la vie de tous les jours.
L'un des éléments déterminants des chaussures ce sont les crampons. En effet, ce sont eux qui permettent aux joueurs de bien prendre appui sur la pelouse et ainsi de ne pas glisser.
En Angleterre, berceau du football, les crampons n'étaient au départ ni plus ni moins que des clous glissés à travers la semelle des chaussures…
En raison du nombre de blessures occasionnées par ce type d'accessoires, les autorités du football les interdirent en 1890 pour les remplacer par des éléments moins dangereux.
On trouve aujourd'hui deux types de crampons :

– les crampons métalliques vissés sur la semelle ;
– les crampons en plastique directement moulés avec la semelle.

La longueur des crampons varie de 13 à 17 millimètres, les joueurs les choisissent en fonction de l'état du terrain afin d'obtenir la meilleure adhérence au sol. Avant chaque match, l'arbitre vérifie si les crampons sont réglementaires pour éviter les risques de blessure.

À SAVOIR : lorsque les matches se déroulent sur une surface synthétique, les joueurs portent des chaussures munies de crampons spéciaux, en acier très fin.

LES EXPRESSIONS LIÉES AUX CHAUSSURES :

– **« Chausser (remettre) les crampons » :** participer à un match.
– **« Raccrocher les crampons » :** arrêter sa carrière de joueur.
– **« S'essuyer les crampons » :** piétiner délibérément un adversaire.
– **« Avoir la victoire au bout des crampons » :** être en mesure de remporter le match.
– **« En garder sous les crampons (sous les semelles) » :** économiser les quelques forces que l'on a encore en réserve.
– **« Mettre la semelle » :** jouer de manière dangereuse, la semelle en avant.
– **« S'emmêler les lacets » :** trébucher, cafouiller en faisant un dribble.

●CLUB

C'est une association sportive dans laquelle évoluent une ou plusieurs équipes qui la représentent. Ce mot, d'origine anglaise, signifie « réunion ».
Le Havre Football Club, premier club officiel français, fut créé en 1872. Depuis, de nombreuses villes (des plus grandes aux plus petites) possèdent leur(s) propre(s) club(s).

PETR ČECH

FICHE D'IDENTITÉ
Naissance : 20 mai 1982, à Plzen, Tchécoslovaquie
Taille : 1,96 m
Poste : gardien de but

La fabuleuse carrière du grand Petr Čech a failli toucher à sa fin un après-midi d'octobre 2006 au Madejski Stadium de Reading. Une collision écœurante entre le genou d'un adversaire et la tête du gardien de but de Chelsea l'a laissé prostré. Transporté en urgence à l'hôpital, Čech a dû subir une opération pour une fracture crânienne qui aurait pu menacer sa vie. Mais ce natif de Plzen en République tchèque, est un battant. Trois mois plus tard, Čech était de retour et son club londonien pouvait continuer de remporter des matches et des titres.

Petr Čech est un gardien moderne, l'un des meilleurs du monde. Il parle sept langues, aime jouer de la batterie et prépare ses matches avec un souci du détail qui en surprendrait plus d'un. Je l'ai souvent vu discuter des heures avec Christophe Lollichon, l'entraîneur français qu'il a rencontré lors de son passage au Stade rennais et qui l'a suivi à Chelsea. D'ailleurs, cette façon de penser à tout l'a souvent aidé à avoir une action décisive sur le terrain, à l'instar de cette finale de Ligue des champions contre le Bayern Munich en 2012. Čech a arrêté un penalty d'Arjen Robben pendant les prolongations et puis, pendant la séance de tirs au but, il est parti du bon côté à chaque fois, effectuant deux arrêts qui ont permis à Chelsea de gagner le match.

Il a tout remporté avec les Bleus et personne dans l'histoire du foot anglais n'a fait plus de « clean sheets » – les matches où une équipe ne prend pas de but – que lui. Čech a aussi mis à contribution son 1,96 m pour le bien de son pays, devenant le joueur le plus capé dans l'histoire de la République tchèque. Le Čech des Tchèques ne connaît pas l'échec !

▶▶
Le classement dans une ***compétition*** *peut être source de grandes réjouissances pour les équipes gagnantes (ici pour la victoire à l'Euro 2000), comme à l'origine d'un véritable désespoir pour certains joueurs dont l'équipe a été battue.*

Bien sûr, les moyens financiers de chacun dépendent à la fois de leur taille et de leurs résultats dans le championnat (plus ils sont gros et performants, plus ils attirent les sponsors).

●COMPÉTITION

« Le football, c'est ce qui permet à un petit pays de devenir grand. »
Roger Milla

Épreuves pendant lesquelles s'affrontent plusieurs équipes.
Les compétitions peuvent être nationales (championnat de France, Coupe de France, Coupe de la Ligue…) ou internationales (Coupe du monde, Coupe d'Europe, Coupe Intertoto, Ligue des champions, Jeux olympiques…).
Les compétitions sont organisées par des associations nationales ; FFF pour la France – (Fédération française de football) ou internationales ; UEFA pour l'Europe (*Union of European Football Associations*) et FIFA pour le monde – (Fédération internationale de football association).

●CONDUITE DE BALLE

C'est le fait, pour un joueur, de maîtriser les mouvements de la balle qu'il conserve dans son espace proche tout en progressant rapidement vers le but adverse malgré les adversaires qui s'interposent.
Une bonne conduite de balle nécessite un certain nombre d'actions simultanées : équilibre, rapidité, coordination des mouvements, observation, anticipation… Le joueur doit surveiller à la fois ses

▶
Ses deux opposants ont beau essayer de couper la trajectoire de Zidane, la ***conduite de balle*** *du champion est telle qu'ils vont le voir passer sans pouvoir intervenir.*

adversaires proches et ceux qui vont se trouver sur son chemin ainsi que ses équipiers qui lui font des appels de balle tout en « conduisant » le ballon entre ses pieds.

●CONTRE-APPEL

Appel de balle qui prend l'adversaire à contre-pied en le mettant sur une fausse piste.
Un appel croisé implique deux attaquants qui croisent leurs courses en attirant l'attention des défenseurs adverses pour les désorganiser.

●CONTRE-ATTAQUE

Terme venant du langage militaire signifiant lancer une attaque alors que, l'instant d'avant, on était soi-même attaqué. Le fait d'attaquer pousse une équipe dans son ensemble vers les buts adverses. Elle multiplie ainsi ses chances de marquer, mais démunit ses arrières. Le jeu consiste alors à profiter d'un mauvais replacement défensif pour lancer une contre-attaque, déborder très rapidement et essayer d'aller marquer.

À SAVOIR : on dit qu'une équipe « part à l'abordage » lorsqu'elle attaque sans réflexion ni cohésion, risquant ainsi une contre-attaque.

▶▶ *Le gardien de but s'est laissé tromper : il plonge à sa gauche et est pris à* ***contre-pied.*** *Le ballon passe au-delà de son rayon d'action et il n'a pas le temps de reprendre ses appuis pour essayer de le bloquer.*

CONTRE-PIED

Prendre un adversaire à contre-pied c'est lui faire croire que l'on va réaliser un mouvement dans un sens en esquissant ce mouvement et le prendre de vitesse en faisant exactement le contraire. Par exemple lors du tir d'un penalty, faire croire au gardien de but que l'on va tirer fort dans la lucarne gauche et glisser la balle à ras de terre dans le petit filet, à droite.

CONTRÔLE ORIENTÉ

C'est le fait de recevoir une balle en dirigeant son rebond (avec la tête, la poitrine…) dans une direction précise et prévue vers un équipier ou pour soi-même en anticipant l'évolution des joueurs situés à proximité. Un contrôle orienté permet de dribbler un adversaire et d'accélérer le rythme du jeu.

CORNER

Également appelé « coup de pied de coin », c'est une remise en jeu faite à partir d'un des coins du terrain. Celui-ci est délimité par un quart de cercle de 50 centimètres dont le centre est matérialisé par un piquet surmonté d'un drapeau. On tire la balle de cet endroit lorsqu'un joueur de l'équipe adverse l'a fait sortir derrière sa ligne de but.
Jusqu'en 1913, les règles autorisaient le joueur à quitter le corner balle au pied. Depuis 1927, on peut tirer un corner en faisant une passe à l'un de ses coéquipiers ou centrer directement devant le but.
On nomme « petit corner » un coup franc tiré près de la zone de corner.

COUP D'ENVOI

L'arbitre siffle un coup d'envoi au début du match, au début de la deuxième mi-temps, après qu'un but a été marqué et au début de chaque prolongation.
Dans les grandes rencontres, le coup d'envoi est souvent donné à titre honorifique par des personnalités ou des membres d'associations caritatives.

◄◄ *Lorsque le **corner** est tiré, l'agitation est grande dans la surface de réparation et l'arbitre doit être vigilant pour éviter les irrégularités.*

◄ *Le joueur tire un **corner.** Le ballon est posé sur la limite imposée par les règles, dans un des quarts de cercle placés à chaque angle du terrain.*

COUP DU CHAPEAU
(VOIR BUT)

COUPE DU MONDE
voir tableau des statistiques p. 52

Compétition organisée tous les quatre ans par la FIFA et réunissant les équipes nationales du monde entier.

La compétition se déroule désormais en huit poules de quatre équipes ; leur ordre est tiré au sort. Cela permet de qualifier seize équipes qui disputeront les huitièmes de finale. La fin de la compétition se déroule par élimination directe.

Parmi les équipes les plus marquantes de l'histoire de la Coupe du monde, on doit forcément citer le Brésil qui a participé à de nombreuses finales (7) et a remporté cinq fois le titre ; l'Italie le talonne avec quatre victoires, notamment celle remportée en 2006 contre la France qui a bien failli réitérer son exploit de 1998.

C'est le Brésilien Ronaldo qui détient le record du nombre de buts marqués durant une Coupe du monde (15) et les Allemands Gerd Müller et Miroslav Klose en comptent 14 chacun à leur actif. Mais, depuis plus de cinquante ans, c'est le Français Just Fontaine qui reste le meilleur buteur en une seule édition avec 13 buts marqués en 1958.

▶▶ *L'Allemagne a remporté quatre fois* ***la Coupe du monde*** *(1954, 1974, 1990 et 2014) comme l'Italie, mais juste derrière le Brésil qui l'a gagnée à cinq reprises.*

adidas

COUPE DU MONDE (LES ÉQUIPES VICTORIEUSES)

ANNÉE	VAINQUEUR	FINALISTE	ORGANISATEUR	MEILLEUR BUTTEUR
1930	Uruguay	Argentine	Uruguay	Stabile (Argentine, 8)
1934	Italie	Tchécoslovaquie	Italie	Nejedly (République tchèque, 5)
1938	Italie	Hongrie	France	Leonidas (Brésil, 7)
1950	Uruguay	Brésil	Brésil	Ademir (Brésil, 8)
1954	RFA	Hongrie	Suisse	Kocsis (Hongrie, 11)
1958	Brésil	Suède	Suède	Fontaine (France, 13)
1962	Brésil	Tchécoslovaquie	Chili	Jerkovic (Yougoslavie, 5)
1966	Angleterre	RFA	Angleterre	Eusebio (Portugal, 9)
1970	Brésil	Italie	Mexique	Müller (RFA, 10)
1974	RFA	Pays-Bas	RFA	Lato (Pologne, 7)
1978	Argentine	Pays-Bas	Argentine	Kempes (Argentine, 6)
1982	Italie	RFA	Espagne	Rossi (Italie, 6)
1986	Argentine	RFA	Mexique	Gary Lineker (Angleterre, 6)
1990	Allemagne	Argentine	Italie	Schillaci (Italie, 6)
1994	Brésil	Italie	États-Unis	Salenko (Russie, 6), Stoitchkov (Bulgarie, 6)
1998	France	Brésil	France	Suker (Croatie, 6)
2002	Brésil	Allemagne	Corée du Sud	Ronaldo (Brésil, 8)
2006	Italie	France	Allemagne	Klose (Allemagne, 5)
2010	Espagne	Pays-Bas	Afrique du Sud	Villa (Espagne, 5), Snejder (Pays-bas, 5), Müller (Allemagne, 5), Forlán (Uruguay, 5)
2014	Allemagne	Argentine	Brésil	Rodriguez (Colombie, 6)

À SAVOIR : on reconnaît le nombre de victoires remportées par une équipe en Coupe du monde au nombre d'étoiles dorées brodées sur le maillot des joueurs.

●COUP FRANC

voir pages 56-57

Le terme de « coup franc » vient de l'anglais ***free kick.***

Lorsque l'arbitre estime qu'un joueur a commis une faute, il siffle et arrête le match. Il donne alors la balle à l'équipe adverse pour qu'elle tire un coup franc. On distingue deux types de coups francs.
– **Le coup franc indirect :** il sanctionne des fautes moins sérieuses (obstruction...). L'arbitre le signale en maintenant son bras levé jusqu'au moment du tir.
– **Le coup franc direct :** il est sifflé lorsqu'un joueur a commis une faute grave (tacle dangereux ou par derrière, main...).

À SAVOIR : la gravité de la faute est laissée à l'appréciation de l'arbitre. C'est pour cette raison que certains coups francs sont parfois contestés par les équipes.

Qu'il soit direct ou indirect, le coup franc se tire ballon arrêté, posé à terre. Les joueurs de l'équipe adverse doivent se placer à au moins 9,15 m du tireur et en dehors de la surface de réparation. Ils se positionnent alors en ligne pour former un mur et ainsi gêner le tireur en lui masquant la cage de but.

À SAVOIR : si le mur formé de joueurs masque la cage au tireur, lui rendant la tâche plus difficile, il complique aussi quelquefois la vision de la balle au moment de la frappe pour le gardien. Il arrive même que la balle « traverse » le mur en touchant l'un des joueurs et soit détournée de sa trajectoire, trompant alors le gardien...

• Après un coup franc indirect, le but est considéré comme valable si, avant qu'il ne rentre dans les cages, le ballon a été touché par n'importe quel autre joueur que le tireur.
• Dans le cas du coup franc direct, le tireur peut essayer de marquer directement (sans passer la balle à un coéquipier). Il devra alors chercher à brosser le ballon de telle manière que celui-ci contourne le mur.
On appelle « feuille morte » un ballon que l'on a frappé de telle façon qu'il prenne une trajectoire indéfinie (comme une feuille qui vole au vent).
Parmi les meilleurs tireurs de coup franc on peut notamment citer

▶▶
Page suivante. Lors du tir d'un ***coup franc,*** *le concours de grimaces des joueurs formant le mur est proportionnel à la puissance de la balle qui file vers l'un d'entre eux et va le percuter !*

BECKHAM
7
3

C

David Beckham, Roberto Baggio, Roberto Carlos, José Luis Chilavert, Alessandro Del Piero, Thierry Henry, Diego Maradona, Juninho Pernambucano, Michel Platini (grand spécialiste de la feuille morte), Ronaldinho ou Zinedine Zidane.

COUPS DE PIED (FANTAISISTES)

– **La roulette :** action qui consiste à ramener le ballon (râteau) deux fois vers soi, dans un même mouvement et dans deux directions différentes. Ce geste était l'une des grandes spécialités de Zinedine Zidane.

Pour « passer » un adversaire en le dribblant, Zinedine Zidane usait de toute une gamme de gestes techniques dont certains ***coups de pied fantaisistes*** *qu'il maîtrisait parfaitement.* ▼

– **Une aile de pigeon :** le joueur lance sa jambe vers l'arrière et frappe la balle vers le haut avec son talon ou sa plante de pied.

– **Le coup du foulard :** il consiste à taper la balle en plaçant le pied qui la frappe derrière le pied d'appui (à la manière d'un foulard que l'on noue).

– **Le coup du sombrero :** ce coup consiste à faire passer la balle au-dessus de la tête d'un adversaire et à la récupérer derrière lui (on dessine ainsi dans l'air un arc de cercle rappelant la forme des sombreros, les très larges chapeaux portés par les Mexicains).

– **La bicyclette :** il s'agit d'une reprise de volée un peu particulière. Le joueur est placé face au ballon et lance ses jambes en l'air pour frapper la balle et l'envoyer derrière lui. Ce mouvement rappelle la forme d'une roue de bicyclette ; on l'appelle également « ciseau », car les jambes font les mêmes mouvements que les deux lames d'une paire de ciseaux. Voir aussi but.

– **Le coup du scorpion :** popularisé par le joueur mexicain Hugo Sanchez, puis par le gardien colombien René Higuita, ce coup consiste à décoller du sol, placer son corps à l'horizontale, replier les jambes vers sa tête tout en frappant la balle avec le talon ou la plante des pieds (comme un scorpion qui replie sa

queue). C'est sans conteste l'un des coups les plus acrobatiques du football !

●COUTINHO (PHILIPPE)

voir page 58

●COUVERTURE

1. « Être en couverture » : se placer et évoluer derrière un coéquipier pour pallier une éventuelle défaillance de sa part.

2. « Avoir une bonne couverture de balle », « Avoir une bonne protection de balle » : protéger le ballon en interposant son corps pour empêcher un adversaire de s'en saisir. On appelle également cette action « faire écran ».

●CROC-EN-JAMBE (VOIR AUSSI TACLE)

Appelé aussi « croche-pied » ou « fauchage », ce geste consiste à lancer sa jambe devant celle d'un joueur de l'équipe adverse pour le faire tomber. Il est sanctionné par un avertissement.

▲
Un peu trop d'agressivité dans le tacle et celui-ci se transforme en ***croc-en-jambe*** *sous les yeux de l'arbitre. Il y a du carton dans l'air pour Carles Puyol !*

PHILIPPE COUTINHO

FICHE D'IDENTITÉ
Naissance: 12 juin 1992
à Rio de Janeiro, Brésil
Taille: 1,72 m
Poste: milieu offensif, ailier

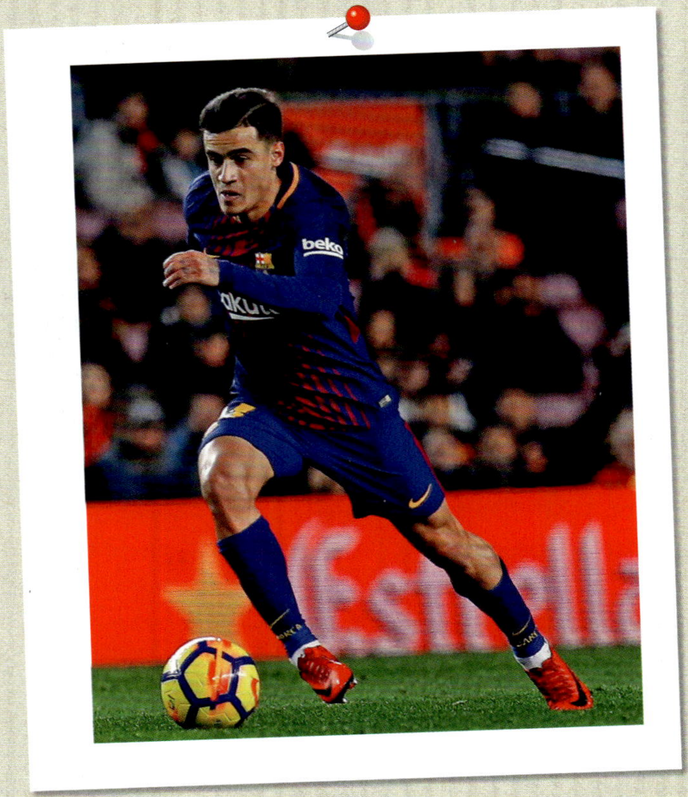

Son ami Neymar dit de lui que c'est un « crack ». Il a raison, Philippe Coutinho sait tout faire. Ce Brésilien de poche, petit par la taille mais grand par le talent, a appris le football en jouant au futsal comme Andres Iniesta, Fernando Torres ou Ronaldinho. Le foot en salle lui a donné une agilité technique surprenante pour dribbler et crocheter ses adversaires. Sa vitesse de course est phénoménale et ses passes sont d'une précision millimétrique. Mais ce n'est pas tout : ce droitier sait aussi tirer du pied gauche, ce qui en fait l'un des attaquants les plus imprévisibles au monde. Après ses débuts au Brésil, Coutinho est très vite courtisé par les clubs européens. Il a tout juste 18 ans quand il rejoint l'Inter Milan. Là-bas, ses débuts sont plutôt timides et il est bientôt transféré à Liverpool FC en 2013. Il explose chez les Reds : vice-champion d'Angleterre en 2014, le voilà deux ans plus tard meilleur buteur brésilien de l'histoire de la Premier League. Ses excellentes performances n'échappent pas aux recruteurs des équipes rivales. En 2017, Coutinho est à la fois courtisé par le PSG et le FC Barcelone qui voient en lui le successeur d'Iniesta. C'est finalement le club catalan qui le recrute en janvier 2018 pour un montant record de 120 millions d'euros, soit le transfert le plus élevé de son histoire.

●CRUYFF (JOHAN)

Joueur et entraîneur hollandais, né le 25 avril 1947, à Amsterdam. Attaquant.

Dès l'âge de 16 ans, il signe son premier contrat avec le prestigieux Ajax d'Amsterdam pour lequel il marque son premier but le 15 novembre 1964. Il signe sa première sélection en équipe nationale le 7 septembre 1966. L'Ajax devient champion d'Europe le 2 juin 1971 ; cette même année, Cruyff reçoit son premier Ballon d'or. Un an plus tard, il marque les deux buts de la victoire pour son club qui s'adjuge alors sa deuxième Coupe d'Europe. Johan Cruyff part ensuite pour le Barça, en Espagne. Le 28 octobre 1973, il couronne son premier match de deux buts. Il est de nouveau élu Ballon d'or de l'année. En 1974, les Pays-Bas atteignent la finale de la Coupe du monde et Cruyff remporte son troisième Ballon d'or, devenant ainsi le premier joueur de l'histoire à être distingué trois fois.

Le 26 octobre 1977, il annonce qu'il met un terme à sa carrière internationale et dispute son dernier match avec le Barça, le 7 mai 1978. Il part ensuite jouer aux États-Unis en 1979, revient en Espagne en 1981, puis retourne à l'Ajax de fin 1981 à mai 1983. Après un bref passage au Feyenoord Rotterdam, il met un terme à sa carrière de joueur.

Il devient entraîneur de l'Ajax en août 1985 ; le club gagne le championnat des Pays-Bas en 1986 et 1987, année où le club remporte la Coupe d'Europe. Le 10 mai 1988, il prend les rênes du Barça. Son club est champion d'Espagne en 1991, 1992, 1993 et 1994 et remporte la Supercoupe d'Europe en 1992. Cruyff prend définitivement sa retraite en 1995.

Johan Cruyff, *en 1974, à l'Ajax d'Amsterdam et aux États-Unis avec les Washington Diplomats, en 1980.* ▼

Malgré sa petite taille, Lionel Messi (Ballon d'or 2009, 2010, 2011, 2012, 2015) ***déborde*** *son puissant adversaire grâce à sa vitesse et à sa conduite de balle qui en font l'un des meilleurs joueurs du monde.* ▶▶

DÉBORDER

1. Un joueur « déborde » lorsqu'il attaque en passant par les côtés du terrain.
2. Un joueur « déborde un adversaire » lorsqu'il le prend de vitesse et le dépasse par le côté.

DE BRUYNE (KEVIN)

voir page 64

DÉFENSE

Comme dans le langage militaire, la défense sert au football à repousser les attaques de l'adversaire.
À l'origine, chaque équipe n'avait qu'une idée en tête : marquer des buts. Ce n'est que vers les années 1860 que l'on commença à chercher également des tactiques pour ne pas en prendre ! Depuis une vingtaine d'années, assez nombreuses sont les équipes qui ne comptent pas moins de cinq défenseurs dans leurs rangs.

Il existe plusieurs manières de défendre son équipe.
– La défense individuelle : un joueur est chargé de suivre un adversaire, toujours le même, pour limiter sa marge de manœuvre offensive.
– La défense de zone : chaque défenseur reste dans la zone qu'il est chargé de protéger et marque les

D

joueurs adverses qui y pénètrent.
– La défense mixte : tactique qui mêle la défense individuelle et la défense de zone.

À SAVOIR : quand la défense d'une équipe n'est vraiment pas efficace, on parle alors de « défense passoire » ou de « défense gruyère » en référence aux trous qu'elle laisse sur le terrain. À l'opposé, une défense béton est, quant à elle, très efficace.

DÉGAGER

Envoyer la balle loin de son camp, en général sous la pression adverse.
– Un goal qui s'est saisi de la balle doit la dégager pour la remettre en jeu. Il a six secondes pour le faire, au pied ou à la main, sous peine de se voir sanctionné d'un coup franc indirect.
– Un dégagement est effectué pour remettre le ballon en jeu après sa sortie derrière la ligne de but. On parle alors de dégagement aux 6 mètres.
– Le dégagement se pratique également en cas de danger imminent menaçant le but. Dans ce cas, le défenseur tape souvent où il peut. S'il envoie le ballon derrière la ligne de touche, il l'abandonne à l'équipe adverse, mais il est soulagé de s'être sorti d'une situation dangereuse.
En 1967, le général de Gaulle (alors président de la République) venu assister à la finale du cinquantenaire de la Coupe de France opposant Lyon à Saint-Étienne prit exceptionnellement part au match. En effet, après un dégagement, la balle atteignit les tribunes, pratiquement dans ses bras. Le président s'en saisit et fit alors une rentrée de touche dans les règles, bien que pour le moins originale !

DÉMARQUER (SE)

Échapper au marquage. Lorsqu'un adversaire suit chacun de vos mouvements pour limiter votre champ d'action, se démarquer consiste à tromper sa vigilance en restant hors de sa portée.

DEMBÉLÉ (OUSMANE)

voir page ci-contre.

DENTELLE

On dit qu'une équipe « fait de la dentelle » lorsqu'elle abuse de redoublement de passes courtes, sans chercher à ouvrir ou à donner de la profondeur au jeu, le rendant ainsi inefficace.

OUSMANE DEMBÉLÉ

FICHE D'IDENTITÉ
Naissance : 15 mai 1997 à Vernon, France
Taille : 1,78 m
Poste : attaquant

Né dans un quartier sensible de la banlieue d'Evreux, Ousmane Dembélé déménage en Bretagne à 13 ans pour rejoindre le centre de formation du Stade rennais. C'est dans ce club qu'il signe son premier contrat professionnel et fait ses débuts en Ligue 1 en 2015. Ambidextre, ce gaucher d'origine fait aussi des ravages devant les buts avec son pied droit. Mais ce n'est pas tout : sa rapidité s'avère souvent décisive sur les côtés. En 2016, il marque 3 buts contre Nantes en 45 minutes, devenant ainsi à 18 ans et 9 mois le plus jeune joueur auteur d'un triplé en une seule rencontre depuis Jérémy Menez, en 2005.

Élu meilleur espoir du championnat en 2016, l'ailier impressionne Deschamps, le sélectionneur des Bleus, mais aussi les entraîneurs de Chelsea et du Bayern Munich. En septembre 2016, il fait sa première apparition internationale avec l'équipe de France en remplaçant Antoine Griezman face à l'Italie. Côté club, il signe au Borussia Dortmund.

Un petit tour en Bundesliga et puis s'en va car, en 2017, son téléphone sonne de nouveau. C'est le FC Barcelone qui le veut pour remplacer Neymar, parti au PSG. Montant du transfert : 105 millions d'euros, le deuxième plus cher de l'histoire du foot cet été-là. Désormais, Dembélé porte le numéro 11 du club catalan comme la star brésilienne avant lui. La classe !

KEVIN DE BRUYNE

FICHE D'IDENTITÉ
Naissance : 28 juin 1991
à Tronchiennes, Belgique
Taille : 1,81 m
Poste : milieu offensif
Surnom : Prince Harry ou Witte

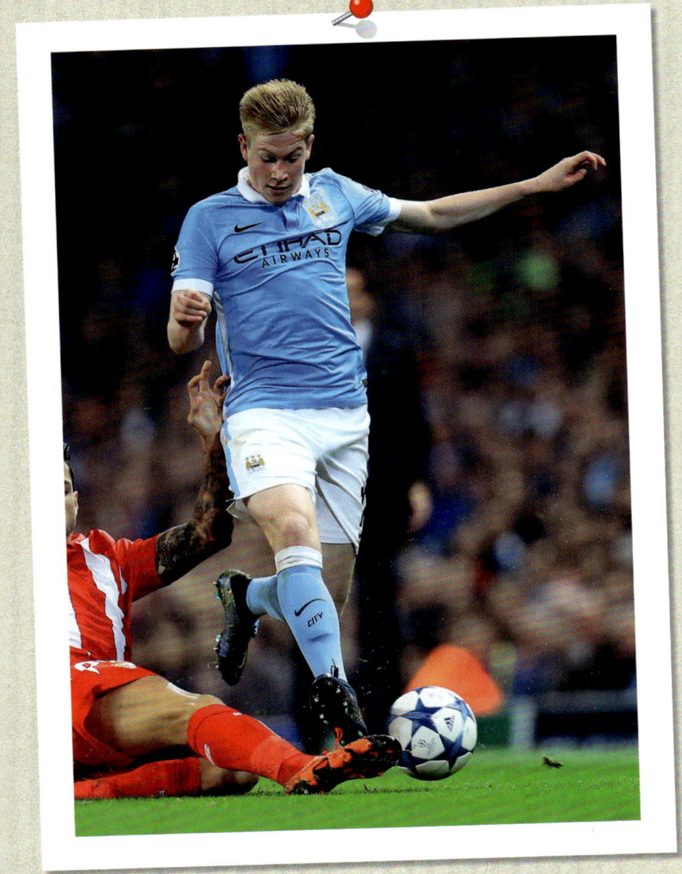

Ce rouquin belge s'est présenté au public français avec une reprise de volée exceptionnelle pour le VfL Wolfsburg contre Lille en Ligue Europa, un soir d'octobre 2014. Frappe de 25 mètres, pleine lucarne, quel but ! La saison 2014-2015 fut exceptionnelle pour De Bruyne, qui a commencé sa carrière à Genk avant de se faire transférer à Chelsea, où il a eu du mal à s'imposer. Au Wolfsburg, celui qui a une maman anglaise fut étincelant : il a terminé la saison allemande avec 10 buts, y compris un doublé contre le Bayern Munich, et 21 passes décisives – un record pour la Bundesliga. La cerise sur le gâteau fut son but en finale de la Coupe d'Allemagne, une victoire 3-1 sur Borussia Dortmund, et le voilà élu joueur de l'année en Allemagne ! Ces 12 mois ont transformé la carrière du Belge, et Manchester City l'a fait revenir en Angleterre quelques semaines plus tard contre une somme avoisinant les 70 millions d'euros. Jamais un joueur belge n'avait coûté si cher.

DERBY

C'est un match qui se joue entre deux équipes de la même ville ou de la même région. Emprunté au langage hippique, ce nom est celui d'un aristocrate anglais, le comte Derby, qui organisait des courses de chevaux dans sa région à la fin du XVIIIe siècle. Par extension, cette appellation s'est étendue aux matches de football au début du XXe siècle.

À SAVOIR : certains matches de derby se déroulent dans des ambiances survoltées tant les rivalités régionales sont grandes.

DESCHAMPS (DIDIER)

Joueur et entraîneur français né le 15 octobre 1968, à Bayonne.

Le jeune Didier Deschamps fait ses premières armes à l'Aviron bayonnais où il se fait rapidement repérer par des recruteurs venus de Nantes, d'Auxerre et de Saint-Étienne. Le choix de Didier Deschamps se porte sur Nantes où il arrive en 1983. Il participe à son premier match de D1 le 27 septembre 1985, il n'a que 17 ans. Quatre ans plus tard, il quitte les Canaris pour le mythique club de Marseille. Les performances en demi-teinte de Didier Deschamps poussent alors Bernard Tapie à le prêter à Bordeaux pour une saison mais, sur l'insistance de ce joueur déterminé, Tapie accepte finalement de le reprendre à l'OM. Le club vivra alors parmi les plus belles heures de son histoire, notamment une victoire en Coupe d'Europe en 1993. La joie est cependant de courte durée, car des soupçons de tricherie planent sur le club et ses dirigeants. Didier Deschamps se résout à partir et rejoint la Juventus de Turin en 1993. Il y passe cinq saisons brillantes (de 1994 à 1999).
Entre-temps, il participe en tant que capitaine à l'épopée des Bleus de 1998. Fin 1999, il rejoint le club anglais de Chelsea dans lequel il restera jusqu'en 2000, remportant cette année-là la Coupe d'Angleterre et le championnat d'Europe.
Il part ensuite pour Valence où il passe une saison avant de raccrocher les crampons. Il entame alors une carrière d'entraîneur, d'abord à l'AS Monaco (de 2001 à 2005), et, de juillet 2006 à mai 2007, à la Juventus de Turin qu'il fait remonter en première division.
Entraîneur de l'Olympique de Marseille du 1er juin 2009 à l'été 2012, il fait gagner au club le titre de champion de France (la première

Didier Deschamps, *au comble de l'enthousiasme, lors d'un match amical France-Allemagne.*

▲ *Zinedine Zidane,* ***Didier Deschamps,*** *Marcel Desailly, Thierry Henri et Sylvain Wiltord lors de la remise de la Coupe d'Europe 2000.*

fois depuis dix-huit ans !) et trois fois de suite la Coupe de la Ligue. Depuis 2012, il est sélectionneur de l'équipe de France. Sous son autorité et malgré une finale ratée face au Portugal, les Bleus sont vice-champions d'Europe en 2016. Juste avant, ils avaient éliminé l'Allemagne, l'équipe championne du monde. Mission remplie pour Deschamps en attendant la Coupe du monde 2018.

DÉVIATION

C'est le fait de toucher à peine le ballon tout en réussissant à lui faire prendre une trajectoire différente de celle qu'il était en train de suivre afin de le diriger vers l'un de ses coéquipiers. Ce geste a pour but de redistribuer le jeu rapidement et de tromper un adversaire qui allait dans la direction initiale de la balle.

DIFFÉRENCE DE BUTS (VOIR AUSSI GOAL AVERAGE)

VAN DIJK (VIRGIL)

Joueur néerlandais, né le 8 juillet 1991 aux Pays-Bas. Défenseur.

Le jeune Virgil revient de loin. Trop petit, il est à deux doigts de se faire virer par son centre de formation. Mais à 16 ans, il grandit de 20 cm en une saison et sauve sa place. Deux ans plus tard, nouvelle alerte : il doit se faire opérer d'un grave abcès à l'estomac. Est-ce pour cela qu'il a la rage au ventre ? Car le colosse hollandais de 1,93 m et 92 kg n'est pas là pour faire de la figuration : agressivité dans les duels, précision des relances, sens de l'anticipation... Malgré son jeune âge, Van Dijk possède toute la science des meilleurs défenseurs centraux. Des qualités qui n'échappent pas aux plus grands clubs européens. Convoité par Liverpool, Chelsea et Barcelone, malgré un palmarès et une expérience internationale limités avec le club de Southampton, il signe finalement chez les Reds en décembre 2017. Ce jour-là, Van Dijk devient le défenseur le plus cher de l'histoire du foot : 84 millions d'euros ! À 26 ans, le « petit » Virgil est désormais une superstar.

DI MARIA (ANGEL)

voir page 68

DI STEFANO (ALFREDO)

Joueur et entraîneur naturalisé espagnol (en 1956), né le 4 juillet 1926, à Buenos Aires (Argentine). Attaquant.

Alfredo Di Stefano fait son entrée, le 15 juin 1945, dans le célèbre club argentin River Plate où il montre d'exceptionnelles qualités d'attaquant. Il marque notamment 27 buts en 30 matches pendant la saison 1947 ! Il quitte ensuite l'Argentine pour la Colombie où il intègre le club des Millonarios, mais il est très convoité par les équipes espagnoles ; c'est le Real Madrid qui rafle la mise, en 1953. Di Stefano y reste neuf ans et fait une brillante carrière (307 buts à son actif et deux Ballons d'or, en 1957 et 1959 !), mais moins au top physiquement il décide de partir pour rejoindre l'Espanyol Barcelone pour une dernière saison en tant que joueur, de 1964 à 1965.
En 1967, il entame une carrière d'entraîneur et s'occupera notamment de clubs prestigieux comme le FC Valence (1970-1973, 1979-1980, 1986-1988) ou le Real Madrid (1982-1983, 1990-1991) avec lesquels il remporte plusieurs Coupes d'Europe.

DISTRICT

Regroupement départemental d'associations de football affiliées à la Fédération française de football (FFF). Leur constitution (ou suppression) est déterminée par l'assemblée fédérale de la FFF.

DOMENECH (RAYMOND)

Entraîneur français né le 24 janvier 1952, à Lyon, France.

Des sélectionneurs, l'équipe de France en a vu se succéder quelques-uns. Aucun d'entre eux, cependant, ne semble avoir suscité autant de polémiques et de critiques que Raymond Domenech, pour ses choix tactiques et sa sélection. Le monde du football,

▲ *Avant d'être entraîneur espagnol en Espagne,* ***Alfredo Di Stefano*** *a été joueur argentin en Argentine, au River Plate, en 1945.*

ÁNGEL DI MARÍA

FICHE D'IDENTITÉ
Naissance : 14 février 1988, à Rosario, Argentine
Taille : 1,78 m
Poste : milieu de terrain offensif
Surnom : El Angelito ou El Fideo

Né un 14 février, Ángel Di María est un amour de joueur. Gracieux, malin, visionnaire, l'Argentin sait tout faire ballon au pied et le prouve régulièrement depuis son arrivée au Paris Saint-Germain, où il a rapidement conquis le public du Parc des Princes.

Alors que son premier transfert avait été payé avec une trentaine de ballons, Di María est devenu l'un des joueurs les plus recherchés du monde et ses différents clubs ont dépensé pas loin de 200 millions d'euros au total pour avoir son talent à leur disposition. Après ses débuts en Argentine avec Rosario Central, Ángel Di María a brillé avec Benfica au Portugal avant de rejoindre le Real Madrid, avec lequel le milieu offensif a remporté la Ligue des champions en 2014. C'était la 10e Coupe d'Europe pour le Real et l'Argentin fut nommé meilleur joueur de la finale. Manchester United le fait venir en Angleterre mais l'aventure ne dure qu'un an. Peut-être à cause de la pluie ?

Dans tous les cas, le malheur des uns fait le bonheur des autres. Le PSG, qui avait suivi Di María depuis un moment, est ravi de récupérer un tel bijou.

Avec son équipe nationale, celui qu'on surnomme « El Fideo » (le spaghetti) participe à la finale de la Coupe du monde 2014 et marque le but qui fait gagner à l'Argentine la médaille d'or aux Jeux olympiques 2008.

il le connaît pourtant bien. Lui qui a commencé sa carrière de joueur en 1970 à l'Olympique lyonnais, est devenu, en 1993, entraîneur en équipe nationale avec les espoirs, puis les moins de 20 ans.
Fort de ses succès, il est nommé à la tête de la prestigieuse équipe de France en 2004.
Il parvient à qualifier la France pour le Mondial 2006, en menant son équipe jusqu'en finale, mais l'échec au premier tour de l'Euro 2008 sonne le glas de sa popularité face au public, mais aussi auprès de certains professionnels.
Face aux critiques, il affiche un silence pesant, quand ce ne sont pas des réponses cinglantes, voire énigmatiques. Et il n'y aura pas de miracle lors de la Coupe du monde 2010. Après un match nul et deux défaites, la France est éliminée de la compétition. La débâcle sur le terrain est aggravée par une rébellion des joueurs de l'équipe à la suite de propos insultants tenus par Anelka à l'encontre du sélectionneur. Lâché par ses hommes et ses dirigeants, Domenech quitte ses fonctions après la compétition, puis est licencié par la FFF en septembre 2010. Il travaille ensuite comme consultant pour divers médias. Il témoigne de ces années dans le livre *Tout seul,* paru en 2012.

DRAPEAU

1. C'est l'accessoire de l'arbitre assistant. Il lui sert à signaler les hors-jeu ou les fautes qui surviennent près de lui. On dit qu'il a « le drapeau dans la chaussette » lorsqu'il tarde à signaler un hors-jeu pourtant évident.
2. Aux quatre angles extérieurs du terrain sont placés des drapeaux sur des piquets mesurant au moins 1,50 m. Ils servent à délimiter le terrain et ainsi à signaler les points de corner.

DRIBBLE

Ce terme, qui vient de l'anglais *to dribble* (progresser par coups successifs), a été officialisé dans le langage du football en 1895.
Par extension, on dit qu'un joueur dribble un adversaire lorsque, grâce à des feintes de corps et des crochets, il le dépasse tout en conservant le ballon. Voici les plus courantes.

◂ *Le* ***drapeau*** *de corner est parfaitement identifiable.*

– El regat : également appelée « crochet », cette feinte, consécutive à un changement brutal de direction accompagné du ballon, permet de déborder son adversaire par la droite ou par la gauche. On dit alors que le crochet est intérieur ou extérieur par rapport à la ligne de touche.

– Feinte de frappe : faire semblant que l'on va frapper une balle, mais au contraire partir en dribble et prendre ainsi l'adversaire de vitesse.

Ces actions ont donné lieu à différentes expressions, par exemple :

– Le joueur fait un **« café-crème »** quand il dribble en touchant dans un même mouvement le ballon avec l'intérieur puis l'extérieur du pied (ou vice versa), feintant ainsi son adversaire.

– Un **« passement de jambe »** consiste à troubler le joueur adverse en décrivant avec son pied un cercle au-dessus du ballon sans le toucher.

– On **« enrhume »** un adversaire en le dribblant très rapidement (en référence au courant d'air que l'on provoque en passant près de lui).

– Le **« grand pont »** consiste à diriger le ballon d'un côté de son adversaire et à le récupérer de l'autre côté en le contournant (voir aussi Petit Pont).

▶▶ *Intérieur? extérieur? roulette? Impossible d'anticiper avec certitude face à Yoann Gourcuff qui exécute un* ***dribble.*** *Olubayo Adefemi en fait l'expérience...*

13
KIA

Parmi les plus grands dribbleurs de l'histoire, on peut citer Raymond Kopa, George Best, Pelé, Garrincha, Diego Maradona, Luis Figo, Ronaldo, Ronaldinho ou Michel Platini.

●DYBALA (PAULO)

Joueur argentin né le 15 novembre 1993 à Laguna Larga (Argentine). Attaquant.

C'est sa grand-mère adorée qui le pousse à jouer au football. À 15 ans, alors que son père vient de mourir, sa famille décide de le faire déménager dans une chambre d'hôtel du club de Cordoba, à 55 km de chez lui. C'est de là que lui vient son surnom de « El pibe de la pension », le gamin de l'hôtel. En 2011, il signe son premier contrat professionnel pour un salaire de 900 euros, le salaire minimum. Cette année-là, il devient à 18 ans le plus jeune buteur du championnat d'Argentine et réalise 2 hat-tricks au cours de la saison, du jamais vu ! L'année suivante, celui qu'on appelle désormais « Le bijou » est transféré à l'US Palerme pour un montant de 3 millions d'euros. De nouveau, il devient le plus jeune marqueur de l'histoire du club sicilien. Joueur complet, souvent décisif devant le but, Dybala brille à présent à la Juventus FC et en équipe nationale d'Argentine.

▶▶ *Mesut Özil vient d'effectuer un grand pont devant Thomas Müller qui ne le rattrapera pas. Le* ***dribble*** *a été parfaitement exécuté.*

Arsenal
Fly
Emirates
25

e

●ÉCOLE (CENTRE DE FORMATION)

Tous les grands clubs de football, en France et à l'étranger, possèdent une école destinée à former leurs futurs champions.

Des sélections sont ainsi organisées périodiquement par les clubs. Les jeunes s'y présentent et passent des tests devant des sélectionneurs spécialement formés pour détecter d'éventuels talents.

Les jeunes apprentis footballeurs y sont généralement admis dès l'âge de 13 ans (en France, car cela peut être beaucoup plus tôt dans certains autres pays) et entament une formation sport-études. Ils suivent les mêmes cours que tout collégien ou lycéen, mais pratiquent bien sûr un entraînement spécifique à leur sport.

Contrairement à ce que l'on pourrait penser, leurs résultats scolaires sont tout aussi importants que leurs aptitudes sportives pour pouvoir prétendre un jour intégrer le club en tant que professionnels. Néanmoins, afin de faciliter la tâche aux élèves, les études de lycée se déroulent sur quatre ans (au lieu de trois dans un cycle traditionnel), mais ils peuvent choisir les mêmes sections (littéraire, économique ou scientifique).

À SAVOIR : tous les jeunes qui sont intégrés dans un centre de formation n'ont pourtant aucune garantie qu'ils feront un jour partie d'un club, ni même qu'ils auront la possibilité de faire une carrière professionnelle.

ÉCRAN

1. Action de placer son corps de telle manière qu'il soit positionné entre le ballon et l'adversaire en lui tournant le dos. Cette façon de se tenir permet de bien protéger le ballon en le laissant hors de portée du joueur adverse.

2. Action de se placer entre un partenaire en possession du ballon et un adversaire afin de masquer sa vision du jeu.
Dans les deux cas, on dit que le joueur « fait écran ».

EFFET

Mouvement donné au ballon lorsqu'on le frappe sur une extrémité latérale, ce qui le fait tourner sur lui-même. L'objectif est de donner au ballon une trajectoire courbe (comme un virage) et ainsi, par exemple, éviter un mur lorsqu'on tire un coup franc direct ou tout simplement contourner un adversaire lors d'une passe longue.

ENFERMER

Contraindre un adversaire à aller dans un coin du terrain pour lui donner le moins de possibilités de jouer ou de passer la balle à un équipier. Un attaquant peut également s'enfermer volontairement dans un coin du terrain pour chercher face à un adversaire un contre en centrant et obtenir ainsi un corner.

Indifférent à la grosse averse, le joueur en possession de la balle pense à faire ***écran*** *de son corps pour protéger son ballon.*

ENTRAÎNEUR

C'est la personne dont le rôle est de s'occuper des recrutements de joueurs en vue du déroulement d'une saison et de diriger les séances d'entraînement. Il est également chargé de composer les équipes en sélectionnant les titulaires et les remplaçants. Il a aussi pour mission de mettre au point les différentes tactiques de jeu destinées à mener son équipe à la victoire.
Le terme d'« entraîneur » a été emprunté au langage hippique et s'est communément appliqué à d'autres sports, notamment au football, dès 1884.

ENTRE-DEUX
(VOIR BALLE À TERRE)

ÉQUIPE

Le terme « équipe » vient du langage maritime ; on formait en effet un « équipage » avant de partir en mer. Adopté par différents sports, notamment le football, depuis la fin du XIXe siècle, ce terme désigne l'ensemble des joueurs présents sur le terrain ainsi que les remplaçants. Aux origines du football, le nombre de joueurs n'était pas clairement défini, et il était courant de voir 15 joueurs évoluer sur le terrain.

C'est en 1870 que l'on choisit d'opter pour le nombre de 11 (10 joueurs et un gardien de but).
– Chaque club a sa propre équipe. L'équipe première (ou « équipe fanion ») est composée des joueurs les plus talentueux ou les plus expérimentés, mais les clubs possèdent également une équipe réserve dans laquelle ils pourront puiser en cas de méforme ou de suspension d'un des titulaires.
– L'équipe nationale regroupe quant à elle des joueurs d'une même nationalité, qui défendent les couleurs du pays.

●ÉQUIPE DE FRANCE

Quelques dates clés et victoires

1ER MAI 1904 : premier match officiel de l'équipe de France. Match nul contre la Belgique (3-3).

◀◀
Joie pour Josep Guardiola après la victoire de Barcelone en Ligue des champions…

▶
Colère de Luis Fernandez, furieux contre ses joueurs ; la carrière d'un ***entraîneur*** *est jalonnée de périodes de réussite mais aussi de désespoir.*

27 JUIN 1984 : victoire de la France en championnat d'Europe des nations (Euro).

AOÛT 1984 : l'équipe de France remporte la médaille d'or aux Jeux olympiques de Los Angeles.

12 JUILLET 1998 : pour la première fois de son histoire, l'équipe de France devient championne du monde.

2 JUILLET 2000 : victoire de la France en championnat d'Europe des nations (Euro).

10 JUIN 2001 ET 29 JUIN 2003 : la France remporte la Coupe des Confédérations.

●EXTÉRIEUR

Selon les cas, ce mot possède plusieurs significations.

1. Jouer « à l'extérieur » (ou « en déplacement ») signifie disputer un match sur un terrain neutre ou sur celui de l'équipe adverse ; c'est le contraire de jouer « à domicile » ou « à la maison ».

2. On parle de passer par « l'extérieur » ou par « les couloirs » pour signifier les bords du terrain ; c'est le contraire de passer par « l'intérieur » ou « dans l'axe ». C'est un choix stratégique de progression vers le camp adverse.

3. L'extérieur du pied est utilisé pour donner un effet « brossé » au ballon (pour qu'il tourne sur lui-même) lors d'une passe ou d'une frappe.

▶
*Zinedine Zidane effectue un contrôle de l'**extérieur** du pied.*

▶▶
*Victoire de l'**équipe de France,** les Bleus peuvent laisser éclater leur joie ! À l'arrière-plan, les spectateurs ne sont pas en reste.*

adidas
10
10

19
2

f

●FÀBREGAS (CESC)

voir page 83

●FAUCHER, FAUCHAGE

VOIR AUSSI CROC-EN-JAMBE

●FAUTES

1. Comme tous les sports, le football est régi par des règles qu'il convient de respecter. Il existe donc un certain nombre de fautes à ne pas faire, sous peine de sanctions qui vont du coup franc au penalty.

Fautes les plus courantes sanctionnées par un coup franc indirect.

• Fautes commises par un joueur : jouer d'une manière brutale ou gêner délibérément un adversaire ; empêcher le gardien de dégager le ballon.

• Fautes commises par le gardien : conserver le ballon pendant plus de six secondes ; lâcher le ballon puis le reprendre sans qu'il ait été touché par un autre joueur ; attraper à la main directement le ballon après une touche faite par l'un de ses coéquipiers ; attraper le ballon à la main sur une passe faite par l'un de ses coéquipiers.

À SAVOIR : si le gardien se saisit de la balle à la main alors qu'il se trouve en dehors de la limite de ses 16,50 m, il écope d'un carton rouge.

▶▶

*En essayant d'arrêter la course de Roberto Carlos, le défenseur commet une **faute** qui sera sans doute sanctionnée d'un coup franc et même peut-être par un carton jaune…*

CESC FÀBREGAS

FICHE D'IDENTITÉ
Naissance : 4 mai 1987, à Arenys de Mar, Espagne
Taille : 1,75 m
Poste : milieu de terrain, attaquant

C'est l'histoire d'un jeune Catalan qui fait ses classes avec le FC Barcelone, part pour Arsenal en Angleterre à l'âge de 16 ans, brille avec le club londonien, puis rentre chez lui à Barcelone pour remporter de nombreux titres en compagnie de Lionel Messi, celui avec qui il jouait tout jeune. Un parcours atypique, pour un joueur génial.

Avec Arsenal, le milieu de terrain espagnol explose tous les compteurs : plus jeune joueur, plus jeune buteur, il devient même un peu plus tard capitaine de l'équipe londonienne. Il adore le club et son entraîneur français, Arsène Wenger, mais les Gunners ne gagnent plus de titres et Fàbregas a de l'ambition. En 2011, après huit ans et plus de 300 matches, il quitte Arsenal et rejoint Barcelone. Il devient champion d'Espagne, gagne plein de finales et, pendant ses trois saisons avec les Blaugranas, marque 42 buts et donne 46 passes décisives en 151 matches. Dès son retour à Londres, cette fois avec Chelsea, Fàbregas est couronné champion d'Angleterre.

Avec son équipe nationale, les médailles sont toutes en or. En effet, Fàbregas fait partie de cette génération magnifique qui a permis à l'Espagne de gagner les championnats d'Europe en 2008, la Coupe du monde en 2010 et puis de nouveau l'Euro en 2012. Un triplé historique !

▲ *Le logo de la* ***Fédération française de foot-***

Fautes les plus courantes sanctionnées par un coup franc direct :

• Donner un coup de pied à un adversaire, lui faire un croc-en-jambe, le bousculer ou le tacler par-derrière pour lui prendre le ballon, l'attraper par le maillot, toucher délibérément le ballon de la main.

2. Lorsqu'un joueur, placé en position de dernier défenseur et en dehors des 16,50 m, commet une faute sur un attaquant filant au but, il écope d'un carton rouge. Il y a également coup franc, tiré de l'endroit où a été commise la faute.

Attention : si cette faute est commise dans la surface de réparation, le joueur prend un carton rouge et il y a alors penalty.

●FFF FÉDÉRATION FRANÇAISE DE FOOTBALL

Le mot fédération vient du latin *federatio* qui signifie « union, alliance ».

La FFF est ainsi l'association officielle qui regroupe tous les clubs français participant à des compétitions. Elle a été créée le 7 avril 1919 et reconnue d'utilité publique* le 4 décembre 1922.

Elle est composée de 7 000 salariés et d'environ 350 000 bénévoles.

Son rôle consiste :

– à développer et à superviser la pratique et l'enseignement du football dans toute la France (métropole et outre-mer) ;

– à faire le lien entre les clubs, les districts, les différentes ligues ;

– à défendre les intérêts du football, tant au niveau moral que matériel (c'est-à-dire s'assurer que les comptes sont bien tenus pour garantir son bon fonctionnement) ;

– à entretenir de bonnes relations avec les fédérations étrangères.

La FFF regroupe plus de 2 millions de footballeurs inscrits (dont plus de 50 000 femmes) répartis dans plus de 19 000 clubs amateurs. Près d'1 million de matches sont disputés chaque année.

ATTENTION : le football professionnel se joue sous l'autorité de la FFF, mais sa gestion en est faite par la Ligue.

* Une association est reconnue d'utilité publique si : elle poursuit un but d'intérêt général ; elle fonctionne depuis trois ans au moins ; elle regroupe un nombre important d'adhérents ; elle possède assez d'argent pour fonctionner correctement ; elle a une activité et une influence dans toute la France. Si elle remplit tous ces critères, elle bénéficie de l'appellation « association loi 1901 », qui présente notamment des avantages fiscaux.

●FEINTE (DE FRAPPE)

Alors qu'il est marqué par un adversaire qui l'empêche de centrer par exemple, un joueur peut faire semblant de tirer (une feinte de frappe) qui provoquera instinctivement un mouvement de protection chez son vis-à-vis lui permettant ainsi de le dribbler.

●FÉMININ (FOOT)

Le premier championnat de France de football féminin fut créé en 1919, mais si les matches nationaux et internationaux connurent un relatif succès pendant une quinzaine d'années, la pratique du foot féminin eut de moins en moins d'adeptes. Le regain pour cette pratique date du début des années 1970, avec l'émergence d'une équipe nationale et de plusieurs clubs de qualité, comme le Stade de Reims, l'un des plus brillants représentants de ce sport. Régi depuis sa création par les règles de la FFF, le football féminin n'a été officiellement reconnu par la FIFA que le 17 avril 1971. Depuis une quinzaine d'années, poussée notamment par Aimé Jacquet, l'équipe nationale de football féminin obtient des résultats

▲ *Pour à peine plus de 2 000 licenciées au cours de la saison 1970-1971, le* ***football féminin*** *compte désormais en France plus de 60 000 adeptes. Ici, la Française Eugénie Le Sommer.*

*Logo de la **FIFA** pour la Coupe du monde organisée au Brésil (2014).*

*Logo de la **FIFA** pour la Coupe du monde organisée en Russie (2018).*

*Logo de la **FIFA** pour la Coupe du monde organisée en Afrique du Sud (2010).*

significatifs au plan international (depuis 2014, les Bleues se classent à la 3e place au classement FIFA) et attire de plus en plus de spectateurs. Au niveau des clubs, c'est encore mieux : l'équipe féminine de l'Olympique lyonnais a remporté quatre fois la Ligue des champions ! Parmi les joueuses les plus talentueuses, on peut citer Lieke Martens, l'attaquante du FC Barcelone, sacrée meilleure joueuse du monde en 2017, l'Américaine Carli Lloyd ou encore les Françaises Amandine Henry, Eugénie le Sommer, Camille Abily et Wendy Renard.

À SAVOIR : si le foot féminin français ne possède pas encore une très grande renommée internationale (bien que placée dans les dix premières au classement FIFA), d'autres équipes rassemblent, quant à elles, un public extrêmement nombreux à chacune de leurs prestations. C'est le cas des Américaines qui survolent les compétitions.

FEUILLE MORTE (VOIR COUP FRANC)

FIFA (FÉDÉRATION INTERNATIONALE DE FOOTBALL ASSOCIATION) (VOIR AUSSI COUPE DU MONDE)

C'est l'organisation qui gère le football dans le monde entier. Elle organise entre autres la Coupe du monde.
La FIFA est créée à Paris, le 21 mai 1904, afin d'établir les bases des diverses compétitions internationales, de plus en plus nombreuses, et de les réglementer. Elle ne représente alors que sept pays : France, Belgique, Danemark, Pays-Bas, Espagne, Suède et Suisse. Ils sont rapidement rejoints par l'Autriche, l'Italie et la Hongrie, puis l'Écosse, le pays de Galles et l'Irlande. L'enthousiasme est de courte durée : la première compétition internationale n'obtient pas le succès espéré.
Les dirigeants de la FIFA décident néanmoins de relancer une compétition internationale dans le cadre des Jeux olympiques de 1908, puis de 1912, mais la cohabitation entre des athlètes amateurs et des footballeurs professionnels n'est pas forcément bienvenue…
La FIFA prend toutefois de l'ampleur. En 1910, l'Afrique du Sud rejoint ses rangs, suivie en 1912 par l'Argentine et le Chili, puis les États-Unis, en 1913. La guerre met l'association entre parenthèses. En

1921, Jules Rimet est élu président de la FIFA, il occupera ce poste pendant trente-trois ans et contribuera à la renommée et à l'expansion de l'association.
La première Coupe du monde organisée par la FIFA a lieu le 18 juillet 1930, au stade Centenary de Montevideo, en Uruguay. C'est un immense succès. De plus en plus de pays adhèrent à l'organisation, y compris l'Angleterre qui l'avait boudée au départ.
La renommée et le développement de la FIFA ont suivi l'engouement croissant pour le football, et les Coupes du monde, organisées tous les quatre ans, rassemblent toujours de plus en plus de spectateurs (c'est le rassemblement sportif le plus regardé après les Jeux olympiques). Organiser un Mondial est très coûteux, mais peut aussi rapporter beaucoup d'argent, grâce aux sponsors et aux droits payés par les télévisions du monde entier pour retransmettre les matches.
La réussite de l'association tient également à la personnalité des présidents qui se sont succédé. Parmi les plus représentatifs : le Français Jules Rimet (1921-1954), les Anglais Arthur Drewry (1955-1961) et sir Stanley Rous (1961-1974), le Brésilien Joao Havelange (1974-1998) et le Suisse Joseph « Sepp » Blatter (1998-2015).

▲ *International portugais, **Luis Figo** figure parmi les plus grands joueurs de football de tous les temps.*

FIGO (LUIS)

Joueur portugais, né le 4 novembre 1972 à Lisbonne (Portugal). Milieu offensif.

Repéré alors qu'il n'a que 12 ans par les recruteurs du Sporting du Portugal, il intègre le club et dispute ses premiers matches de championnat en 1991. Il remporte la Coupe du Portugal en 1995.
Décidé alors à intégrer un club étranger, il signe deux contrats : l'un avec Parme, l'autre avec la Juventus, mais ce cumul est interdit par les instances du foot italiennes qui lui infligent deux ans d'exclusion du championnat.

Joue-la comme Beckham, *un* ***film*** *dans lequel une jeune fille intègre une équipe de football contre l'avis de ses parents.*

Il ira donc à Barcelone qui l'engage officiellement en 1996. Sous la direction de Johan Cruyff, il fait exploser ses talents de technicien et participe largement aux excellents résultats du club, notamment deux victoires en Coupe d'Espagne (1997 et 1998) et deux victoires en championnat (1998 et 1999).

Les lois des transferts sont cependant impénétrables, et c'est avec stupeur que les supporters apprennent en 2000 le départ de Figo pour le Real Madrid. Il y reste cinq ans, le temps notamment d'être élu Ballon d'or en 2000, de remporter deux championnats d'Espagne (2001 et 2003) et une victoire en Coupe d'Europe (2002). Jusqu'en 2009, il joue à l'Inter Milan mais prend définitivement sa retraite.

●FILMS (LE FOOT DANS LES)

Qu'il s'agisse des différentes techniques de jeu, des rapports entre les joueurs, des bons et des mauvais côtés du football, des problèmes d'intégration dans une communauté ou la simple base d'une comédie, le monde du football a inspiré de nombreux cinéastes.

Parmi les œuvres de fiction, on peut citer : *Coup de tête,* de J.-J. Annaud (1979) ; *À mort l'arbitre,* de J.-P. Mocky (1983) ; *Le Ballon d'or,* de Cheik Doukouré (1994) ; *Didier,* d'Alain Chabat (1997) ; *Carton jaune,* de David Evans (1997) ; *Shaolin Soccer,* de Stephen Chow (2002) ; *Joue-la comme Beckham,* de Gurinder Chadha (2002) ; *Goal, naissance d'un prodige,* de Danny Cannon (2005) ; *Hooligans,* de Lexi Alexander (2006) ; *Looking for Eric,* de Ken Loach (2009) ; *La Surface de réparation,* de Ch. Régin (2018). Plusieurs documentaires ont également été réalisés, comme *Les Yeux dans les Bleus,* de Stéphane Meunier (1998) ; *Zidane, un portrait du* XXIe *siècle,* de Philippe Parreno et Douglas Gordon (2006) ; *Substitute,* de Vikash Dhorasoo et Fred Poulet (2007), ainsi que de nombreux reportages.

FINALE

Lors d'un tournoi, dernier match qui oppose les deux équipes ayant éliminé les autres participantes. L'équipe victorieuse de cette finale est déclarée vainqueur du tournoi.

FIXER

Action qui consiste, balle au pied, à attirer au plus près un adversaire en faisant semblant d'hésiter et de ne pas savoir où envoyer la balle, le rendant ainsi inopérant lors de la passe à un partenaire démarqué.

FOND DE JEU

C'est l'ensemble des capacités de jeu développées par une équipe.
En fonction de la qualité des joueurs qui la composent, une équipe peut ainsi, par exemple, avoir un fond de jeu très riche (placement des joueurs très harmonieux, passes bien combinées, solutions de jeu multiples…) ou assez pauvre (mauvaise coordination, passes manquées, nombreuses brèches…).

FONTAINE (JUST)

Joueur français né le 18 août 1933, à Marrakech (Maroc). Avant-centre.
Il fait ses débuts professionnels en 1950 à l'US marocaine de Casablanca. En 1953, il entre à l'OGC Nice, puis, en 1956, au Stade de Reims. Ses talents de buteur sont impressionnants : 165 buts en neuf saisons ! C'est néanmoins dans l'équipe nationale que ses dons exceptionnels prennent toute leur ampleur, puisqu'il signe en effet le record de 13 buts en six matches lors de la Coupe du monde 1958. Cet exploit permet notamment à la France de prendre la troisième place de la compétition. Hasard heureux : il ne dut sa place pour ce Mondial 1958 qu'à la défection de René Bliard, alors titulaire du poste. Ce palmarès aurait pu être encore plus brillant si Just Fontaine n'avait pas souffert de blessures récurrentes qui le poussèrent à mettre un terme à sa carrière de joueur, en juillet 1962. Pas question pour

▲ *Just **Fontaine** détient toujours le record du nombre de buts marqués en une seule Coupe du monde : 13 en 6 matches !*

autant de quitter le football. Il devint donc entraîneur de l'équipe nationale pendant deux saisons (1967-1969), puis prit les rênes du Paris Saint-Germain qu'il mena à la première division en 1974.

FRAPPER, FRAPPE

Action de taper dans le ballon du pied ou de la tête. Selon l'effet ou la direction que l'on veut donner au ballon, le joueur ne va pas le frapper de la même manière. On distingue ainsi plusieurs sortes de frappe.

– **la frappe tendue du cou-de-pied :** le ballon part tout droit avec force et rapidité ;

– **la frappe enveloppée :** le ballon est frappé avec de l'effet pour qu'il tourne sur lui-même et que la trajectoire soit courbe.

– **la frappe du bout du pied.** Appelée familièrement « pointu » ou « pointard », elle est, en général considérée comme inefficace.

On parle aussi de « frappe de mule » quand un joueur tape le ballon de manière puissante. Lorsque la frappe est dirigée sur le gardien et qu'elle est très puissante, on dit « fusiller le gardien » comme s'il s'agissait d'une balle de fusil tellement elle est rapide et forte. Au contraire, on évoque une « frappe de mouche » quand le tir est très peu appuyé.

*Le tireur enveloppe sa **frappe** pour contourner le mur et essayer de placer la balle dans la lucarne opposée.*

STEVEN GERRARD

FICHE D'IDENTITÉ
Naissance : 30 mai 1980, à Whiston, Royaume-Uni
Taille : 1,83 m
Poste : milieu de terrain

Figure emblématique du club mythique de Liverpool, Steven Gerrard a joué 17 saisons avec les Reds, inscrivant 120 buts en 504 matches. Son énergie, ses frappes, sa hargne, ses coups francs, son engagement, les supporteurs de Liverpool adoraient tout chez celui qui fut leur capitaine pendant plus d'une décennie. Gerrard a parfois été tenté de partir à la recherche de plus de titres ailleurs mais finalement il est toujours resté fidèle au club qu'il a rejoint à l'âge de 9 ans. Pendant sa glorieuse carrière, Gerrard a marqué plusieurs buts mémorables mais jamais plus importants que ceux qu'il a réussis lors de la finale de la Ligue des champions en 2005, à Istanbul. Le Milan AC gagnait 3-0 à la mi-temps et Liverpool, semblait-il, avait déjà perdu. Mais, inspiré par son capitaine courage, l'équipe anglaise est revenue. Gerrard a marqué un but, s'est fait faucher pour gagner un penalty et a réussi son tir au but lors de la séance en fin de match qui a donné la victoire aux Reds au terme d'une des finales les plus mémorables dans l'histoire de cette compétition. Steven Gerrard, « *Man of the Match* », bien sûr !

GARDIEN DE BUT

Également nommé goal. Membre essentiel de l'équipe dont il défend les buts, c'est le seul joueur qui a le droit de toucher le ballon avec ses mains – mais seulement dans la surface de réparation ! Autrement, il peut parcourir à sa guise tout le terrain et même marquer des buts.
Aux débuts du football, chaque joueur sur le terrain pouvait faire office de gardien et empêcher le ballon de rentrer dans les cages. Pour cela, il avait le droit de prendre à tout moment le ballon dans ses mains, mais interdiction de courir avec ! La première mention d'un gardien de but en tant que joueur spécifique remonte à 1866. En 1913, il a toujours le droit d'arrêter le ballon avec ses mains, mais uniquement dans la surface de réparation. Il est cependant soumis à certaines règles spécifiques

Comme un cosmonaute en état d'apesanteur, le ***gardien*** *(ici, Grégory Coupet) survole la pelouse pour intercepter le ballon.* ▼

◀ *Le* ***gardien*** *(David Seaman) s'est avancé vers Ronaldo et tente de lui boucher l'angle au maximum.*

Pour « passer » un adversaire avec un ***grand pont****, envoyez la balle à la gauche de votre adversaire et, pendant qu'il est déséquilibré, passez-le par sa droite et récupérez le ballon derrière lui.*

(voir Fautes). Le gardien est le seul joueur qui porte un maillot différent et d'une autre couleur que ceux du reste de l'équipe. Cette singularité a pour but de mieux distinguer aux yeux de l'arbitre le joueur qui a le droit d'utiliser ses mains.

GERRARD (STEVEN)

voir page 92

GOAL AVERAGE

De l'anglais ***goal*** (but) et ***average*** (moyenne). Différence entre les buts marqués et les buts encaissés lors d'une compétition. Ce système permet de départager des équipes qui possèdent le même nombre de points lorsque tous les matches ont été disputés.

GOURCUFF (YOANN)

voir page ci-contre

GRAND PONT

voir dribble

GRIEZMANN (ANTOINE)

voir page 98

YOANN GOURCUFF

FICHE D'IDENTITÉ
Naissance : 4 mars 1982, à Ontario, États-Unis
Taille : 1,73 m
Poste : attaquant

Chez les Gourcuff, le foot est une affaire de famille, le père de Yoann, Christian, est en effet un entraîneur reconnu, désormais chargé de l'avenir de Lorient. Et même si, à 13 ans, le cœur du jeune Yoann balance plutôt vers le tennis, ses aptitudes pour le ballon rond sont tellement évidentes qu'il se décide : il sera footballeur professionnel.
Mais que faire lorsque la vitesse n'est pas son point fort ? Il suffit d'inventer une autre technique pour laisser sur place ses adversaires ! Ce seront les dribbles, le contrôle… et les gris-gris, que Gourcuff maîtrise comme personne. Et comme la vitesse, ça se travaille, peu nombreux sont les joueurs qui parviennent aujourd'hui à lui prendre le ballon dès lors qu'il a décidé de le garder.
Pour pimenter ses dribbles, Gourcuff a deux armes favorites : la roulette et les passements de jambe. Ce n'est donc pas uniquement le physique avantageux de Gourcuff qui déchaîne l'enthousiasme – même si on a rarement vu un public féminin aussi nombreux dès que sa présence est annoncée sur la pelouse. Depuis 2008 aux Girondins de Bordeaux (après un passage à Rennes puis au Milan AC), Yoann laisse éclater ses talents de meneur de jeu et sa grande polyvalence.

L'année 2010 le voit passer à l'Olympique lyonnais pour un montant de 22 millions d'euros.
Après une carrière aux Girondins de Bordeaux, au Milan AC et à l'Olympique lyonnais, le Breton joue désormais à Rennes, le club qui l'a formé.

ANTOINE GRIEZMANN

FICHE D'IDENTITÉ
Naissance : 21 mars 1991, à Mâcon, France
Taille : 1,76 m
Poste : attaquant, ailier

Un Français qui perce en Espagne, voilà une histoire peu commune. Adolescent, Griezmann est rejeté par la plupart des clubs qui le trouvent trop petit, trop frêle et ce n'est qu'après avoir été repéré lors d'un match d'essai à Paris que la Real Sociedad lui propose un contrat jeune. Au début, rien n'est facile. Antoine traverse la frontière le matin pour aller à l'école à Bayonne et puis rentre chez lui, à San Sebastián, pour l'entraînement. Mais le natif de Mâcon a su construire son chemin et, dès 2009, il joue dans l'équipe première et marque des buts importants.

Lorsqu'il inscrit un but exceptionnel contre Lyon en Ligue des champions en 2013, Griezmann signale à tous les clubs français qu'ils ont loupé le coche. Petit en taille, peut-être, mais grand par le talent, Griezmann est recruté par l'Atlético Madrid en 2014 et il embarque pour une saison formidable. Il marque 22 buts en Liga, devient l'idole du club et montre qu'il sait se débrouiller au top niveau. Ce gaucher talentueux a une finesse technique, une détente étonnante qui lui permettent de marquer un certain nombre de buts de la tête. De plus, il fait preuve d'une intelligence dans le jeu qui sème le trouble dans les rangs des équipes adverses.

Aujourd'hui, celui que ses fans et coéquipiers appellent « Petit Prince », est l'une des stars de l'équipe de France. Meilleur buteur de l'Euro 2016, son doublé face à l'Allemagne en demi-finale est dans toutes les mémoires. La même année, il termine 3e sur le podium du Ballon d'or, mais il semble qu'il ne va pas s'arrêter là !

HAZARD (EDEN)

voir page suivante

HENRY (THIERRY)

voir page 103

HISTOIRE

« Les Anglais ont inventé le football, les Français l'ont organisé, les Italiens le mettent en scène. »

Serge Uzzan

Les premières règles du football tel qu'il se pratique aujourd'hui apparaissent vers les années 1850 en Angleterre, pays pionnier de ce sport.
En 1871 a lieu la première Coupe d'Angleterre. Le football s'étend désormais à tout le pays et l'on compte déjà en 1882 environ un millier de clubs. Le professionnalisme et l'argent, par le biais des indemnités offertes aux joueurs, ne font qu'accélérer l'établissement de règles plus structurées et détaillées. Fort de sa nouvelle popularité, le jeu s'exporte naturellement de par le monde et, au début du XXe siècle, nombreux sont les pays à adopter ce sport d'équipe. Le premier championnat de France se déroule le 15 avril 1893 et oppose les six clubs parisiens d'alors.
Le 21 mai 1904, la Fédération internationale de football association (FIFA) voit le jour.

EDEN HAZARD

FICHE D'IDENTITÉ
Naissance : 7 janvier 1991, à La Louvière, Belgique
Taille : 1,73 m
Poste : milieu offensif

LE SAVIEZ-VOUS ?

• En juin 2015 (il n'a que 24 ans), Eden Hazard remplace Vincent Kompani blessé, comme capitaine de l'équipe nationale belge.

Eden Hazard, c'est l'histoire d'un surdoué. Issu d'une famille de footballeurs – papa et maman jouaient – son talent a été vite repéré par le LOSC, qui le fait quitter la Belgique pour venir jouer avec les jeunes de Lille. À peine trois ans plus tard, à l'âge de 16 ans, il effectue ses premiers pas sur une pelouse de Ligue 1 et met rapidement tout le monde d'accord. Ses dribbles, ses appels, ses buts et le fait qu'il joue avec le sourire font de lui l'un des joueurs les plus aimés par les amoureux du ballon rond – son insouciance et son talent pur font plaisir à voir. Tout le monde sait qu'il ne restera pas éternellement en France mais avant de rejoindre Chelsea (où il sera champion d'Angleterre et joueur de l'année en 2015), Hazard décide de tout faire pour gagner des trophées avec Lille. Les premières récompenses sont individuelles : il est jeune joueur de l'année à deux reprises et puis meilleur joueur tout court deux fois aussi. En 2011, Hazard aide le LOSC à remporter le doublé, championnat et Coupe de France – exploit unique dans l'histoire du club. Et comme le garçon a de la classe et du tempérament, il inscrit un triplé lors de son tout dernier match avec les Lillois et sort sous une ovation comme on en a rarement vu. Désormais, l'international belge rêve du Ballon d'or et de la Ligue des Champions.

Le 5 mai 1918 a lieu la première finale de la Coupe de France qui se solde par la victoire de l'Olympique de Pantin (3-0) face au FC Lyon. La Fédération française de football (FFF) naît le 7 avril 1919. Les matches internationaux sont de plus en plus nombreux et l'organisation d'une Coupe du monde intéresse depuis déjà un moment les dirigeants de la FIFA. Le premier Mondial se tient du 13 au 30 juillet 1930. Il rassemble 13 nations et voit la victoire de l'Uruguay, pays organisateur, face à l'Argentine (4-2).
L'avènement de la télévision accentue encore la popularité du football. Pour la première fois, la Coupe de France est retransmise sur le petit écran en 1955. Tout s'enchaîne. Le public est de plus en plus nombreux dans les stades et devant la télé, les sponsors font peu à peu leur entrée dans les clubs et l'argent devient l'un des moteurs de ce qui est aujourd'hui le sport n° 1 au monde.

Les règles. Quelques dates clés

- **1891 :** on place des filets sur les buts.
- **1896 :** la durée du match est fixée à 90 minutes.
- **1899 :** le nombre de joueurs de cha-que équipe est désormais de onze.
- **1902 :** on fixe l'emplacement et la dimension de la surface de réparation.
- **1913 :** le gardien n'a plus le droit de toucher le ballon avec les mains en dehors de la surface de réparation.
- **1925 :** nouvel établissement des règles du hors-jeu.
- **1967 :** le gardien n'est plus autorisé à faire rebondir la balle et la rattraper plusieurs fois avant de la dégager.

▲ *À travers l'**histoire,** on trouve de nombreuses traces de jeux pouvant s'apparenter au football. On peut notamment citer le* quito del calcio *(ci-dessus), pratiqué au cours de la Renaissance italienne les jours de Pâques et de Mardi gras.*

• **1992 :** le gardien n'a plus le droit de prendre le ballon de la main après une passe faite par l'un de ses coéquipiers.
• **2000 :** le gardien ne dispose plus que de 6 secondes pour faire sa remise en jeu.
• **2005 :** introduction de la notion de « hors-jeu passif » (voir le « À noter », page suivante).

HOLD-UP

Nom donné à un match gagné au score par une équipe dont la performance sur le terrain ne reflète pas le résultat. L'équipe vaincue avait pourtant largement dominé durant toute la partie mais, par un coup de malchance ou une erreur de défense, elle a encaissé un but.

HORS-JEU

On dit d'un joueur qu'il est « hors jeu » s'il se trouve plus près des buts adverses qu'un défenseur au moment où un coéquipier lui fait une passe en avant.
Si ce joueur placé hors-jeu s'empare du ballon, il y a faute. Celle-ci est sanctionnée par un coup franc indirect tiré de l'endroit où a été commise cette faute.

À NOTER : on parle de « hors-jeu passif » lorsqu'un joueur est effectivement en position de hors-jeu mais qu'il n'a pas d'influence sur le déroulement de l'action. Il n'est donc pas sanctionné.

Lorsque le joueur A frappe la balle pour l'envoyer au joueur B, celui-ci ne doit pas être plus proche du gardien que le dernier défenseur – le dernier défenseur (C) étant celui qui est le plus rapproché de son gardien lors de cette phase de jeu). Sur le dessin, le joueur B est ***hors-jeu.***

THIERRY HENRY

FICHE D'IDENTITÉ
Naissance : 17 août 1977, aux Ulis, France
Taille : 1,88 m
Poste : attaquant
Surnom : Titi

Rescapé de l'équipe championne du monde en 1998, Thierry Henry n'a jamais autant fait parler de lui qu'en 2009 avec sa désormais célèbre « main » qui a permis à William Gallas de marquer le but décisif pour la qualification de la France au Mondial 2010.

Ses qualités sont nombreuses : une vitesse impressionnante, tout d'abord, la capacité de s'adapter à tous les types de jeux, courts ou longs, ensuite, et, enfin, le fait de savoir vraiment ce que « jouer collectif » veut dire. Seuls quatre clubs peuvent s'enorgueillir d'avoir compté un joueur d'une telle qualité dans leurs effectifs : l'AS Monaco (1994-1999), la Juventus de Turin (1999), puis Arsenal (1999-2007) et Barcelone (on le voit ici brandissant la Coupe de la Ligue des champions, remportée avec son club). En Angleterre, Thierry Henry est devenu le meilleur buteur de l'histoire d'Arsenal, avant de partir en 2007 pour le Barça, où il a remporté la Ligue des champions, seul trophée manquant à son palmarès. Malgré le besoin de se refaire une santé médiatique, Thierry Henry, star incontestée à la fois des clubs, dont il a contribué aux nombreuses victoires, et de l'équipe de France puisqu'il reste le meilleur buteur de son histoire, a décidé de mettre un terme à sa carrière internationale. Il signe néanmoins avec les New York Red Bulls en 2010… avant de raccrocher définitivement les crampons en 2014 après 20 ans de carrière. Mais il ne s'est pas éloigné des terrains pour autant car il est désormais consultant pour la télévision anglaise.

ZLATAN IBRAHIMOVIĆ

FICHE D'IDENTITÉ
Naissance : 3 octobre 1981, à Malmö, Suède
Taille : 1,95 m
Poste : attaquant

Zlatan Ibrahimovic´ est un véritable phénomène ! Si le Paris-Saint-Germain a dépensé une fortune en 2012 pour s'offrir ses talents, c'est bien parce qu'il est l'un des meilleurs attaquants du monde. Ce Suédois, né de parents yougoslaves, fréquente les terrains dès son plus jeune âge. Passionné par le ballon rond, il décide très vite d'embrasser une carrière de footballeur et signe son premier contrat dans son pays natal en 1996 avec le Malmö FF.

En 2001, Arsène Wenger, grand découvreur de talents, aimerait bien l'attirer à Arsenal, mais c'est l'Ajax d'Amsterdam qui remporte la mise. En 2004, Ibrahimovic´ rejoint la Juventus de Turin puis, de 2006 à 2009, évolue à l'Inter de Milan où il est, à l'époque, le joueur le mieux payé du monde. De 2009 à 2010, il fait un passage remarqué au Barça, avant un tranfert à prix d'or à l'AC Milan (en août 2010) proche des 20 millions d'euros déboursés par le PSG. ! Il a mis les supporters parisiens dans sa poche grâce à ses buts et sa personnalité hors du commun, mais il s'est surtout rendu mondialement célèbre en novembre 2012 quand, sous les couleurs de la Suède, il a « zlatané » l'Angleterre, avec une incroyable bicyclette tirée de 30 mètres. Il gagne avec le PSG lors de la saison 2014-2015 le championnat de France, la Coupe de France, la Coupe de la Ligue et le Trophée des champions – jamais un club français n'avait réussi une saison pareille et Zlatan fut, comme d'habitude, le meilleur buteur ! Après Paris, c'est avec Manchester United que le géant suédois ira finir sa carrière au plus haut niveau.

●IBRAHIMOVIĆ (ZLATAN) voir ci-contre

●INIESTA (ANDRÉS)

voir page 107

●INTERCEPTION

Action consistant à s'emparer du ballon lors d'une passe « téléphonée » ou mal appuyée entre deux adversaires.

●INTERVALLE

Espace situé entre deux lignes de joueurs. Lorsque, par exemple, des défenseurs sont placés de manière à former deux lignes parallèles, un attaquant adverse fait une passe « dans l'intervalle » afin de transmettre la balle à l'un de ses coéquipiers.

●ISCO

Joueur espagnol, né le 21 avril 1992 à Benalmadena (Espagne).
Milieu offensif.

De son vrai nom Francisco Roman Alarcon Suarez, Isco est le gendre idéal. Son touché de balle, son élégance sur le terrain et sa conduite irréprochable à l'extérieur des stades en font le chouchou des supporters et... des supportrices. Formé au FC Valence et passé par le club de

▲
*Très décrié pour ses choix tactiques et la sélection des joueurs pour la Coupe du monde 1998, **Aimé Jacquet** quitte son poste au soir de la finale… remportée par les Bleus (3-0) contre le Brésil !*

Malaga, Isco est élu « Golden Boy » 2012, c'est-à-dire le meilleur jeune joueur évoluant en Europe. Cela n'échappe pas au Real Madrid qui le recrute en 2013. Ses débuts au Bernabéu sont tonitruants : Isco salue sa première sélection par un but et une passe décisive à son nouveau partenaire Karim Benzema. Lors de son troisième match avec le Real, il marque un doublé face à l'Athletic Bilbao et est élu « homme du match ». Joueur aux dribbles courts et meneur de jeu hors pair, Isco est aussi un grand espoir de la Roja, l'équipe nationale d'Espagne.

●JACQUET (AIMÉ)

« Le football est le reflet de notre société. Regardez bien l'expression d'un joueur sur le terrain, c'est sa photographie dans la vie. »
Aimé Jacquet

Joueur et entraîneur français né le 27 novembre 1941 à Sail-sous-Couzan (Loire). Milieu défensif.

Avant d'être repéré par un sélectionneur de Saint-Étienne, Jacquet évolue à l'US Couzan, le club amateur de son village d'origine.
Il rejoint les Verts en 1959 et signe son premier contrat professionnel deux ans plus tard. Durant cette période, Saint-Étienne remporte cinq championnats de France et trois Coupes de France.
En 1973, Aimé Jacquet décide de rejoindre l'Olympique lyonnais où il termine sa carrière de joueur. Reconverti comme entraîneur, il fait ses armes à Lyon avant de rejoindre les Girondins de Bordeaux avec lesquels il remporte trois championnats de France (1984, 1985, 1987) et deux Coupes de France (1986, 1987). Il part ensuite pour Montpellier, puis l'AS Nancy-Lorraine.
En 1991, il est nommé à la direction technique nationale du football français. Un an plus tard, il devient l'adjoint du sélectionneur national, Gérard Houllier, mais à cette époque l'équipe de France ne brille pas par ses prestations.
En 1993, Aimé Jacquet prend la place de sélectionneur et obtient des résultats encourageants, notamment une qualification au championnat d'Europe 1996. C'est à cette époque qu'il commence à ébaucher les bases de l'équipe qui mènera la France à la première place du Mondial 1998, en mettant notamment en avant des joueurs excellents et très complémentaires, Didier Deschamps, Laurent Blanc et Zinedine Zidane. L'opinion générale reste néanmoins extrêmement sceptique quant à ses choix de sélectionneur, et Aimé Jacquet doit faire face à de

ANDRÉS INIESTA

FICHE D'IDENTITÉ
Naissance : 11 mai 1984, à Fuentealbilla, Espagne
Taille : 1,71 m
Poste : milieu de terrain

Un magicien ! Andrés Iniesta, ballon au pied, c'est un régal. C'est ce que tout fan de ce merveilleux sport qui s'appelle le football aime voir – la grâce, une vision du jeu, une vitesse d'exécution extraordinaire et une capacité de simplifier et fluidifier le jeu exceptionnelle.
Ce bonhomme a une baguette magique ! Le ballon revient souvent dans les pieds d'Iniesta parce que, comme dirait mon ami Omar Da Fonseca, « il sait qu'il va être bien traité ! ».
La récompense de tout ce talent, de cette générosité dont Andrés Iniesta fait preuve semaine après semaine sur les pelouses, on peut la voir sur son palmarès. Hallucinant ! Non seulement Iniesta a tout gagné avec son club formateur, le FC Barcelone, mais il a été l'un des joueurs clés avec son équipe nationale, qui a dominé le football mondial pendant plusieurs années.

LE SAVIEZ-VOUS ?

Avec la Roja, Iniesta a réalisé un triplé inédit : Euro 2008, Coupe du monde 2010 (il marque le but de la victoire en finale) et Euro 2012, où il est nommé l'homme du match. Tout ça avec une équipe d'Espagne qui n'avait plus rien gagné depuis 1964. Magique !

nombreuses critiques durant les mois qui précèdent la finale de la Coupe du monde. Il quitte d'ailleurs son poste le 12 juillet 1998, le soir de la victoire…
Nommé dans la foulée à la tête de la direction technique nationale, Aimé Jacquet prend officiellement sa retraite le 31 décembre 2006, mais reste consultant dans divers médias.

JOUER

Dans le cadre du football, prendre part à un match.
Par extension, jouer signifie également faire une action de jeu. On peut ainsi, par exemple, « jouer au centre ». On trouve aussi ce verbe dans plusieurs expressions.
– **« Jouer la montre » :** gagner du temps lorsque l'on mène au score (en faisant des passes entre coéquipiers, en fixant le jeu…) pour éviter que l'adversaire ne tente une action.
– **« Jouer le bonhomme »** (ou « Jouer l'homme ») : faire une faute volontaire sur un adversaire plutôt que d'essayer de lui prendre loyalement le ballon.
– **« Jouer le ballon » :** tenter de prendre loyalement le ballon à un adversaire, sans toucher ou bousculer ce dernier. Contraire : « Jouer le bonhomme ».
– **« Jouer sur un nuage » :** réussir tout ce que l'on entreprend sans avoir l'impression de faire des efforts pour y parvenir.

Qui de mieux qu'un ***journaliste*** *né dans la patrie du football pour commenter les matches?*

JOURNALISTE, COMMENTATEUR

C'est la personne qui est chargée de commenter et d'analyser les matches ainsi que d'interviewer des joueurs, des entraîneurs ou des dirigeants de clubs.
Un journaliste et/ou un commentateur peut travailler à la télévision, pour un journal quotidien ou pour un magazine (hebdomadaire ou mensuel). Il doit bien sûr connaître parfaitement le football afin d'être à même de réagir dans toutes les situations pour faire le commentaire ou l'analyse le plus pertinents. Hormis les journalistes professionnels, ce rôle est de plus en plus souvent tenu par d'anciens joueurs ou entraîneurs dont on apprécie l'expérience et qui connaissent on ne peut mieux tous les rouages de ce sport.

JUBILÉ

C'est le nom que l'on donne à un match organisé en faveur d'un joueur après qu'il a arrêté sa carrière. Il s'agit alors d'un match de gala auquel participent les amis du jeune retraité.

K

●KANE (HARRY)

Joueur anglais, né le 28 juillet 1993 à Chingford, Angleterre. Attaquant.

Celui que les supporters anglais appellent « HurryKane », un jeu de mot avec « Hurricane » (ouragan), mérite bien son surnom. Car Harry Kane, qui est plutôt timide et sympathique dans la vie, est une véritable machine à marquer des buts sur le terrain. Depuis 2014, il est dans le Top 10 des joueurs ayant marqué le plus de buts dans les cinq grands championnats européens, et s'il n'est pas le premier du classement, il en est le plus jeune. Pourtant, il n'est pas aussi rapide qu'Aubameyang, il dribble moins bien que Messi, il est moins bon de la tête que Ronaldo et il n'a pas le physique de Zlatan. Alors, quel est son secret ? L'attaquant des Spurs de Tottenham sait tout faire. Adepte du contrôle-frappe, il marque dans toutes les positions, en force ou en finesse, du pied droit, du gauche, de la tête… Et surtout, c'est un bosseur acharné, arrivant avant les autres à l'entraînement et répétant ses gammes à l'infini. À force de travail, il deviendra peut-être aussi célèbre que l'autre star de Ridgeway Rovers, le club de ses débuts, un certain David Beckham.

▲
Harry Kane *est le meilleur buteur de l'histoire de Tottenham en Premier League.*

N'GOLO KANTÉ

FICHE D'IDENTITÉ
Naissance : 29 mars 1991
à Paris, France
Taille : 1,69 m
Poste : milieu

Lorsqu'il grandit en banlieue parisienne avec ses huit frères et sœurs, N'Golo Kanté est loin de se douter qu'il deviendra l'une des stars de la Premier League. Car malgré son talent précoce, ses débuts de footballeur sont loin d'être spectaculaires. Desservi par sa petite taille, le jeune Franco-Malien se voit refuser l'entrée de plusieurs centres de formation : Sochaux, Rennes, Beauvais, Clairefontaine… Jusqu'à 19 ans, il doit se contenter de jouer à Suresnes, un modeste club amateur des Hauts-de-Seine, à l'âge où les meilleurs ont déjà signé depuis longtemps leur premier contrat professionnel. Kanté enchaîne en 2012 à l'US Boulogne où il joue dans l'équipe B de CFA 2. Repéré par plusieurs clubs français et étrangers, il fait ses débuts professionnels en Ligue 2 l'année suivante à Caen, puis en Ligue 1. En 2015, son ascension fulgurante se poursuit de l'autre côté de la Manche, à Leicester. Sacré meilleure recrue de la Premier League cette saison-là, Kanté remporte le championnat d'Angleterre avec son nouveau club. Et double la mise avec les Blues de Chelsea en 2017. Nommé meilleur joueur français la même année, il est aussi le premier joueur depuis Éric Cantona, en 1993, à gagner deux fois de suite la Premier League avec deux clubs différents. Et ce n'est que justice : roi du tacle (il en réussit plus de 5 par match en moyenne), il est désormais l'un des meilleurs récupérateurs au monde et n'hésite pas à couvrir tout le terrain pour empêcher ses adversaires de passer. Ses qualités n'échappent pas à Didier Deschamps qui le sélectionne en 2016. Moins de deux semaines plus tard, le jour de ses 25 ans, N'Golo Kanté marque son premier but chez les Bleus face à la Russie. L'ex-petit bonhomme de Suresnes est devenu un géant.

KANTÉ (N'GOLO)

voir ci-contre

KEEGAN (KEVIN)

Joueur anglais, né le 14 février 1951 à Armthorpe (Grande-Bretagne). Attaquant.

Il débute sa carrière en 1968 au Scunthorpe United Football Club où il restera deux ans. En 1971, il intègre le club de Liverpool où ses talents d'attaquant et de meneur de jeu explosent. Pour l'anecdote, il marquera un but contre les Verts de Saint-Étienne dès la première minute de jeu lors d'un match en Coupe des champions, en 1977.
Auréolé de ces succès, il part la même année pour Hambourg où il restera trois ans. Il remporte le championnat d'Allemagne 1979 et reçoit le Ballon d'or en 1978 et en 1979. En 1980, retour au pays – où il jouit d'une très grande popularité – pour intégrer Southampton (1980-1982), puis Newcastle United (1982-1984), club qu'il aide à remonter en D1.
En 1984, Kevin Keegan met un terme à sa carrière et part s'installer en Espagne, notamment pour pratiquer son autre sport favori : le golf.
En 1992, il revient à Newcastle, cette fois en tant qu'entraîneur. Il reste trois ans à la tête du club, mais peinant à atteindre les objectifs qu'il s'était fixés en championnat il préfère donner sa démission en 1997.
En 1999, il prend momentanément les rênes de l'équipe nationale qu'il mène jusqu'aux huitièmes de finale de l'Euro 2000.
En 2001, il accepte de diriger Manchester City, qui remonte en première division en 2002. Il met fin à sa carrière d'entraîneur en mars 2005.

KOPA (RAYMOND)

Raymond Kopaszewski, dit Kopa, joueur français né le 13 octobre 1931, à Nœux-les-Mines (Pas-de-Calais). Attaquant.

Fils d'ouvriers polonais, Raymond Kopa commence à travailler à la mine dès l'âge de 14 ans, mais il réalise déjà des prouesses au football. En 1949, il est repéré par le SCO Angers où il fait ses premières armes. C'est cependant au Stade de Reims que son jeu prend toute son ampleur.
Il y développe ainsi des qualités de dribbleur exceptionnelles et y connaît parmi les plus grands succès de sa carrière.
Il fait alors partie de nombreuses sélections en équipe de France dont il est l'un des joueurs les plus brillants. Capitaine à six reprises entre 1952 et 1962, il joue 45 matches avec

▲
*Au début des années 1950, **Raymond Kopa** joue au Stade de Reims. Il rejoint le Real Madrid durant trois saisons au cours desquelles il est élu Ballon d'or. On le considère comme l'un des trois meilleurs joueurs français de l'histoire du football.*

l'équipe de France et marque 18 buts. Il participe à la Coupe du monde 1954 et à celle de 1958.
En 1956, il rejoint le Real Madrid où il poursuit sa prestigieuse carrière aux côté d'Alfredo Di Stefano, en remportant notamment les Coupes d'Europe 1957, 1958 (année durant laquelle il reçoit le Ballon d'or) et 1959.
Cette année-là, il quitte le Real pour retourner au Stade de Reims où il achève sa carrière de joueur en 1969. Il est le premier footballeur à avoir été fait chevalier de la Légion d'honneur, en 1970.
Raymond Kopa s'est également distingué, avec son ami Just Fontaine, en poussant les instances dirigeantes du football à faire évoluer les règlements en faveur des joueurs.

●KROOS (TONI)

Joueur allemand, né le 4 janvier 1990 à Greifswald, Allemagne. Milieu.

Avec son éternel air bougon, le milieu allemand n'est pas le plus rapide ni le plus spectaculaire mais la précision de ses passes est inégalable : lors de l'Euro 2016, il réussit 92 % de ses transmissions, un record. Cette qualité s'avère particulièrement précieuse pour construire le jeu, relancer vite ou encore mettre la panique dans les 30 derniers mètres adverses. Du coup, Toni Kroos est aujourd'hui considéré comme l'un des meilleurs milieux de terrain du monde. Dès ses 15 ans, le directeur du Bayern de Munich, où il vient de signer, lui réserve le numéro 10, le plus sacré du football. Sept ans plus tard, en 2014, le voilà au Real Madrid avec lequel il remporte deux fois la Ligue des Champions. Mais Kroos n'oublie pas non plus de briller en équipe d'Allemagne avec laquelle il est champion du monde en 2014. Lors de la demi-finale face au Brésil, il marque 2 buts en deux minutes. La Seleçao est éliminée 7 à 1 devant son public, une humiliation et un drame national.

L

LACAZETTE (ALEXANDRE)

voir page 114

LEWANDOWSKI (ROBERT)

voir page 118

LIBÉRO

Terme venant de l'italien *libero* (libre de marquage). Défenseur libre de marquage, son rôle consiste à couvrir ses défenseurs au cas où ils seraient passés par les attaquants adverses et ainsi écarter le danger.

Avec Franz Beckenbauer, ***Laurent Blanc*** *est souvent cité comme l'un des meilleurs* ***libéros.***

ALEXANDRE LACAZETTE

FICHE D'IDENTITÉ
Naissance : 28 mai 1991
à Lyon, France
Taille : 1,75 m
Poste : attaquant

Alexandre Lacazette est un enfant prodige de l'Olympique lyonnais. Il a 12 ans quand il intègre l'école de formation du club de sa ville natale et 19 quand il signe son premier contrat pro avec l'OL. Ses débuts sont plutôt timides : il joue quelques matches en équipe première, marque un but contre Sochaux et un autre en Ligue des champions contre le Benfica Lisbonne. Mais cela ne suffit pas pour s'imposer. Vif et opportuniste, le jeune ailier droit manque encore de régularité. En 2013, c'est la révélation. Déplacé à la pointe de l'attaque par son entraîneur, Lacazette trouve enfin sa place et affole les statistiques. Pendant trois années consécutives, il marque plus de 20 buts par saison, un exploit jamais égalé par un joueur français en Ligue 1 depuis Jean-Pierre Papin en 1992. Au total, il inscrit 129 buts sous le maillot de l'OL, devenant ainsi le 4e meilleur marqueur de l'histoire du club. Joueur complet, cet excellent dribbleur a surtout une frappe très précise. Évidemment, les talents de ce buteur-né n'échappent pas aux grands clubs européens ni au patron de l'équipe de France, Didier Deschamps, qui le sélectionne dès 2014. En 2017, après sept saisons de bons et loyaux services, Alexandre Lacazette quitte Lyon pour Arsenal. Le gamin de Lyon est cette année-là le joueur le plus cher de l'histoire des Gunners !

Au fil des ans, le libéro s'est imposé comme l'un des joueurs capitaux d'une équipe. Toujours bien placé grâce à une excellente vision du jeu, il est non seulement un défenseur hors pair, mais aussi un tacticien du jeu déterminant par ses bonnes relances ; il peut également participer à certaines contre-attaques, sa présence apportant un surnombre de joueurs. Parmi les meilleurs libéros, on peut citer Franz Beckenbauer ou Laurent Blanc.

LIGUE DE FOOTBALL

La Ligue se distingue de la Fédération par le fait qu'elle est composée uniquement de professionnels, contrairement à la Fédération qui regroupe tous les pratiquants, même les amateurs.
La Ligue regroupe donc tous les clubs professionnels français et se charge d'organiser les rencontres en fonction de leur niveau.
La Ligue 1, qui rassemble les meilleurs clubs français, est composée de 20 équipes. Même nombre pour la Ligue 2, mais ses clubs ont un niveau moins élevé que ceux de la Ligue 1. Par association, la Ligue signifie également le championnat (D1 et D2). Par exemple, un match de la Ligue est un match du championnat.

LIRE (LE JEU)

C'est le fait d'analyser le jeu, notamment celui de l'adversaire. Un joueur qui aura une « bonne lecture du match » sera efficace à la fois dans son placement, dans ses actions et dans ses déplacements.

LITTÉRATURE (LE FOOT DANS LA)

« Ce que je sais de plus sur
la morale et les obligations
de l'homme, c'est au football
que je le dois. »

Albert Camus

S'il est vrai que le football n'est pas le sujet le plus traité en littérature, il n'en reste pas moins que certains écrivains n'ont pas hésité à l'inclure dans leurs récits. C'est le cas de Camus, l'auteur entre autres de *L'Étranger* (1942), qui y fait souvent référence dans ses livres, ou encore de Montherlant qui, dans *Les Olympiques,* évoque l'importance que ce sport revêt pour lui. Citons également Jean Giraudoux, grand amateur du ballon rond, Daniel Picouly (*Le Treizième But,* 1998), l'Anglais Nick Hornby (*Carton jaune,* 1992) ou Fatou Diome (*Le Ventre de l'Atlantique,* 2005).

LLORIS (HUGO)

voir page 119

LOBER

Ce terme d'origine anglaise a été emprunté au tennis. Il signifie faire passer le ballon au-dessus d'un adversaire sans que celui-ci puisse l'arrêter. Cette action peut être pratiquée lors d'un dribble ; l'attaquant va ainsi lober un joueur adverse et récupérer le ballon derrière lui puis poursuivre sa course ou faire une passe. Le lobe est également employé pour tromper un gardien légèrement en avant de sa ligne de but ou qui est sorti à la rencontre d'un attaquant, afin de boucher l'angle.

LUCARNE

Également appelée « lunette », la lucarne est la partie d'un but située dans l'angle supérieur formé par le poteau (de droite ou de gauche) et la barre transversale.
Difficile à atteindre (aussi bien par un buteur que par le gardien !), la lucarne tire son nom des petites fenêtres souvent placées très en hauteur dans les maisons et donc difficiles d'accès.
Quand un tir dans la lucarne est réussi, on dit que le joueur a « enlevé la toile d'araignée ».

LUKAKU (ROMELU)

voir page 122

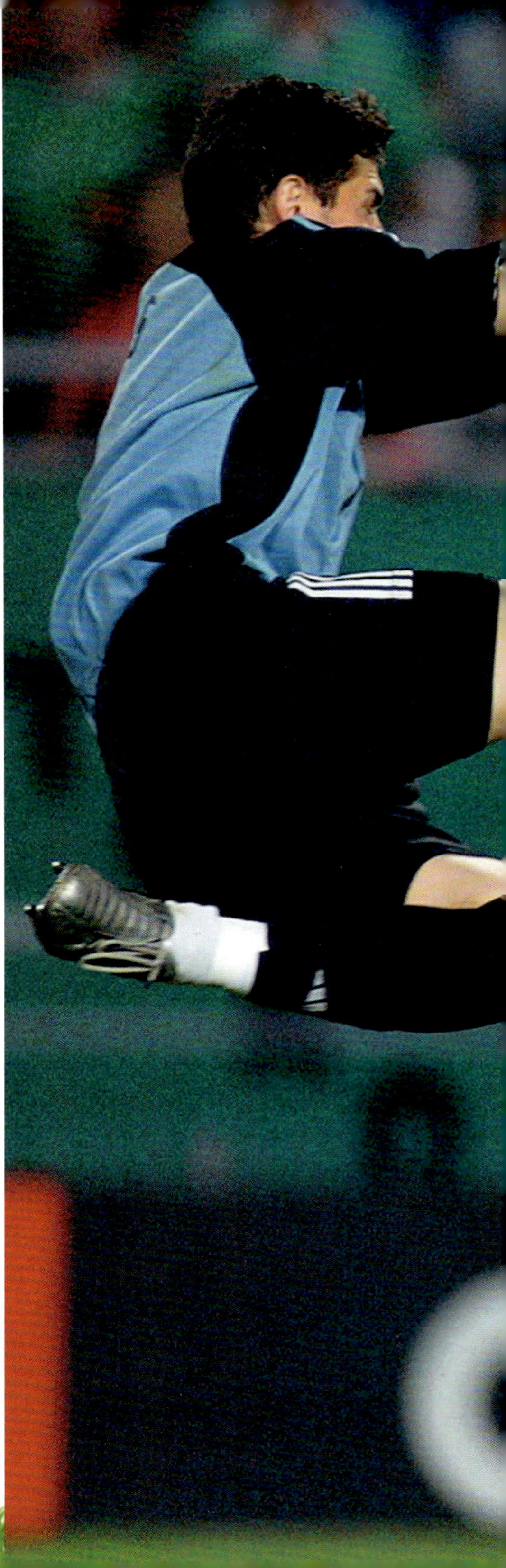

*Le gardien s'est beaucoup avancé pour boucher l'angle à Robbie Keane. Celui-ci tente donc de le **lober** avant le contact, qui risque d'être violent.*

ROBERT LEWANDOWSKI

FICHE D'IDENTITÉ
Naissance : 21 août 1988, à Varsovie, Pologne
Taille : 1,84 m
Poste : attaquant

Véritable machine à marquer des buts, cet attaquant polonais a laissé son empreinte sur le football avec un quintuplé historique contre Wolfsburg le 22 septembre 2015. Bien sûr, ce n'est pas la première fois que quelqu'un inscrit cinq buts lors d'un match… Cependant, jamais un joueur ne l'avait fait aussi rapidement. Car, ce soir-là, Lewandowski a réussi l'exploit de marquer cinq buts en seulement neuf minutes ! En plus, le Bayern Munich perdait 1-0 lorsque le Polonais est entré sur la pelouse en tant que remplaçant en début de seconde période. De la part du Guinness Book of Records, il a reçu quatre certificats : pour le triplé le plus rapide, le quadruplé le plus rapide, le quintuplé le plus rapide et parce qu'il est devenu le premier remplaçant à marquer cinq fois ! Fils d'un judoka et d'une joueuse de volley-ball, Lewandowski est bien sûr un héros chez lui en Pologne. Capitaine de l'équipe nationale, il a marqué 13 buts pour aider son équipe à se qualifier pour l'Euro 2016. Personne n'avait jamais fait mieux.

HUGO LLORIS

FICHE D'IDENTITÉ
Naissance : 26 décembre 1986, à Nice, France
Taille : 1,88 m
Poste : gardien de but
Surnom : Spiderman

Hugo Lloris appartient à une catégorie rare dans le football: les capitaines gardiens de but. Il y est en bonne compagnie lorsqu'on pense à l'Espagnol Iker Casillas et l'Italien Dino Zoff, tous deux champions du monde avec leurs sélections respectives. Lloris, homme plutôt discret publiquement, est admiré pour son leadership et sa force tranquille. Et puis il y a son talent. Il est vrai que « Spiderman » semble être doué de pouvoirs exceptionnels pour arrêter les ballons les plus improbables.

Forteresse de l'OGC Nice de 2006 à 2008, où il est devenu titulaire à 20 ans, Lloris intègre l'Olympique lyonnais après que le club eut déboursé 8,5 millions d'euros. Il y remplace Grégory Coupet, une légende de l'OL. Lloris rassure tout de suite en remportant le trophée du meilleur gardien de Ligue 1 lors de sa première saison. Un prix qu'il allait gagner trois fois en quatre saisons. Après avoir soulevé la Coupe de France avec Lyon en 2012, Lloris traverse la Manche pour signer chez les Spurs dans le nord de Londres. Aujourd'hui, il est considéré comme l'un des cinq meilleurs au monde à son poste.

Dès 2009 avec les Bleus, la régularité de ses prestations et sa progression constante font de lui le numéro un incontesté pour l'équipe de France dès 2010. En juin 2016, il bat le record de capitanat détenu par Didier Deschamps et, un an plus tard, en juin 2017, il devient recordman du nombre de matches joués par un gardien en équipe tricolore. Que deviendraient les Bleus sans sa silhouette longiligne, ses envolées spectaculaires et ses parades époustouflantes ?

Lucarne / **Lucarne**

▶▶ ***Hugo Lloris*** *est encore au-dessus du sol, en pleine extension, mais le ballon est déjà passé et on voit bien qu'il va aller se loger directement dans la* ***lucarne.***

ROMELU LUKAKU

FICHE D'IDENTITÉ
Naissance : 13 mai 1993
à Anvers, Belgique
Taille : 1,91 m
Poste : attaquant

Lukaku doit son prénom original à son père, ROger MEnama LUkaku : Ro-Me-Lu, les trois premières syllabes de son nom, il fallait y penser ! C'est aussi papa qui lui offre un petit ballon comme premier cadeau. Et c'est encore lui qui refuse les avances du prestigieux Real Madrid en exigeant que son fils de 17 ans termine ses études secondaires en Belgique avant de filer jouer au foot à l'étranger ! Mais son ascension exceptionnelle, Romelu Lukaku la doit surtout à son physique hors norme. Plus grand et plus costaud que les joueurs de son âge, il constitue un problème de taille pour ses adversaires dont il fait trembler les filets… et aussi les parents. De quoi attirer l'attention des clubs de tout le pays. À 16 ans, Lukaku est recruté par le RSC Anderlecht et sélectionné pour la première fois dans l'équipe de Belgique. Deux ans plus tard, il finit par venir à bout de ses études et donc par quitter son pays natal. Direction Chelsea. Mais sa première saison dans le championnat anglais n'est pas vraiment un succès : 47 minutes sur le terrain au total pour… 0 but. La suite de sa carrière en Premier League sera plus glorieuse, notamment à Everton FC où il signe en 2014. Deuxième meilleur buteur de la compétition en 2017, le géant belge rejoint la même année les *Red Devils* de Manchester United. Enfin un club à sa mesure ?

MADJER

C'est un geste qui consiste à dévier une balle de l'intérieur du talon après l'avoir laissée passer entre ses jambes. Ce terme tire son nom de Rabah Madjer, alors joueur du FC Porto, qui a marqué un but de cette façon en finale de la Coupe d'Europe, en 1987.

MAILLOT

Il est l'un des éléments indispensables de l'équipement du footballeur.

Tous les joueurs d'une équipe en portent un de la même couleur, sauf le gardien que l'on doit pouvoir différencier de ses coéquipiers, des joueurs du camp adverse et de l'arbitre.
Autrefois fait en laine ou en toile, le maillot de foot est aujourd'hui réalisé dans une matière synthétique, spécialement conçue pour qu'il soit le plus confortable possible. En fonction de la saison, le maillot peut être à manches courtes ou à manches longues, l'équipe du Cameroun a même arboré en 2002, lors d'un match au Mali, des combinaisons maillots-shorts sans manches et moulantes… rendant ainsi plus difficiles les tirages de maillots.

BENDTNER
26
ROONEY
10

Chaque club prend un grand soin à choisir les couleurs de ses maillots et celles-ci sont tout aussi représentatives de la ville que les joueurs qui les portent !
Le maillot ne se caractérise pas seulement par sa couleur et par sa forme, mais aussi par les divers éléments et logos cousus dessus !
– On trouve bien sûr le nom du joueur ainsi que son numéro, qui autrefois correspondait à son poste dans l'équipe mais qui aujourd'hui est plus fantaisiste.
– On peut aussi y voir l'écusson du club.
– La publicité a également fait son apparition sur les maillots, de manière plus ou moins visible… Avant 1968, les équipes françaises n'avaient pas le droit d'afficher de marques sur leurs maillots. Les dirigeants de la Ligue professionnelle de football signèrent alors un contrat avec Vittel (célèbre marque d'eau minérale) dont le nom devait figurer sur les maillots de tous les joueurs de D1 et D2 ; la course aux sponsors était lancée. Aujourd'hui, les équipes portent pratiquement toutes des publicités sur leur poitrine. Le seul club européen à ne pas en orner les maillots de ses joueurs est l'Athletic Club de Bilbao (Espagne) ; quant au célèbre Barça (Barcelone), il n'accepte sur ses maillots que le logo de l'Unicef,

◂◂
Wayne Rooney, le fougueux attaquant de Manchester United, est en mauvaise posture et on ne sait s'il tire le ***maillot*** *du joueur d'Arsenal pour se rétablir ou pour écarter son adversaire…*

▲
*Lors de la Coupe du monde 2010, à la dernière minute des prolongations du match Uruguay/Ghana, Luis Suárez a arrêté un tir avec les **mains**. Il a été immédiatement exclu par l'arbitre et un penalty a été tiré… et raté par le Ghana ! Lors de la séance de tirs au but qui a suivi, c'est l'Uruguay qui l'a emporté avec 4 buts réussis à 2.*

une fondation qui défend les droits de l'enfant à travers le monde. La société qui dépense le plus d'argent pour que sa marque soit présente sur les terrains est la compagnie pétrolière Tamoil qui a offert pas moins de 110 millions d'euros pour être présente pendant cinq ans sur les maillots de la Juventus de Turin !

– Lors des rencontres entre nations, on peut également apercevoir sur les poitrines de certains chanceux une ou plusieurs étoiles dorées signifiant le nombre de victoires de l'équipe nationale acquises au cours de la prestigieuse Coupe du monde.

●MAIN

À part le gardien (lorsqu'il se trouve dans sa surface de réparation), aucun joueur n'a le droit de toucher le ballon avec la main.

Aux origines du football, l'arrêt de la balle à la main était pourtant admis, on parlait alors de fair catch, mais cette pratique fut définitivement interdite en 1866.

Lorsqu'un joueur enfreint cette règle, la faute est sanctionnée par un coup franc direct ou un penalty si la faute est commise dans la surface de réparation.

ATTENTION : si le joueur a utilisé volontairement sa main pour empêcher le ballon de rentrer dans les buts, il est expulsé du terrain.

Le gardien fait une « faute de main » lorsqu'il ne contrôle pas le ballon et le laisse s'échapper.

On rencontre plusieurs expressions utilisant ce mot.

– **« Avoir une main à la place du pied » :** être vraiment très habile dans le maniement du ballon.

– **« La main de Dieu » :** c'est le but marqué de la main (ce qui est formellement interdit !), mais non sanctionné (car non vu par l'arbitre). Ce nom a été donné après un but marqué de la sorte par Diego Maradona pendant un match de la Coupe du monde contre l'Angleterre, en 1986.

MALDINI (PAOLO)

Joueur italien, né le 26 juin 1968, à Milan. Défenseur.

Fils du footballeur Cesare Maldini, Paolo Maldini a fait toute sa carrière au Milan AC, dont il est le capitaine depuis 1997. Il détient d'ailleurs le record du nombre de matches disputés en championnat d'Italie avec plus de 600 rencontres. Ce joueur, considéré comme l'un des meilleurs défenseurs du monde, possède parallèlement le record du nombre de sélections en équipe nationale italienne avec 126 participations et sept buts à son actif. Maldini aura tellement marqué l'équipe du Milan AC que le numéro 3 qu'il arbore sur son maillot sera définitivement retiré à l'issue de sa carrière. Le football étant décidément une affaire de famille, le fils aîné de Paolo Maldini fait déjà partie de l'équipe des jeunes espoirs du Milan AC !

MANDANDA (STEVE)

voir page 129

MARADONA (DIEGO)

Joueur argentin, né le 30 octobre 1960, à Buenos Aires (Argentine). Milieu offensif.

Alors qu'il n'a même pas 16 ans, il fait ses débuts aux Argentinos Juniors pour lesquels il marque, entre 1976 et 1981, 116 buts en 166 matches !

En 1981, il est recruté par les Boca Juniors, club argentin où il reste une saison.

Après un passage au FC Barcelone (1982-1984), il rejoint Naples où il est adulé par les tifosi (les supporters italiens) tant ses exploits au sein du club sont exceptionnels (entre autres, une victoire en Coupe de l'UEFA, en 1989).

▲ **Paolo Maldini** *peut revendiquer une longue carrière professionnelle : elle a débuté en janvier 1985 (il n'avait pas 17 ans) et s'est terminée en mai 2009, alors qu'il avait presque 41 ans !*

▲ *Quasiment élevé au rang de saint par ses admirateurs argentins, « El Pibe de Oro » (le gamin en or),* ***Diego Maradona*** *est l'un des plus grands joueurs de football de l'histoire de ce sport.*

En 1992, il part pour le FC Séville, puis retourne terminer sa carrière en Argentine, d'abord aux Newell's Old Boys (1993), puis au Boca Juniors (1995-1997). Joueur mythique s'il en est, Maradona s'est également souvent illustré en équipe nationale, marquant notamment lors de la Coupe du monde 1986 l'un des plus beaux buts de l'histoire après avoir percé toute la défense anglaise et trompé le gardien. Juste avant ce but, il en avait marqué un autre, mais… de la main. L'Argentine remporte le Mondial.

Maradona ne s'est cependant pas rendu célèbre uniquement grâce à ses talents de joueur, mais aussi en défrayant souvent la chronique à cause de ses abus de nourriture, de drogue et d'alcool.

En 2006, il anime une émission télévisée très populaire en Argentine et monnaye ses talents de spécialiste pour diverses chaînes de télé lors des grandes rencontres sportives.

En 2008, Il est nommé sélectionneur de l'équipe d'Argentine et, après des qualifications difficiles pour la Coupe du monde 2010, il obtient de son équipe qu'elle batte le Mexique en huitième de finale (3-1). Elle est éliminée le match suivant par l'Allemagne (4-0) et Maradona est écarté du poste de sélectionneur à l'issue du Mondial.

●MARQUER

1. Mettre un but. Ce terme vient du fait que l'on marque (c'est-à-dire que l'on inscrit sur un tableau) le nombre de buts réalisés par une équipe et par l'autre. Par extension on dit « marquer un but ». On peut également entendre – pour la même raison – « inscrire un but ».

On parle ainsi d'« ouvrir (ou de clôturer) la marque » (marquer le premier ou le dernier but), de « revenir à la marque » (égaliser) ou de

STEVE MANDANDA

FICHE D'IDENTITÉ
Naissance : 28 mars 1985, à Kinshasa, République démocratique du Congo
Taille : 1,85 m
Poste : gardien de but
Surnom : Il Fenomeno (le phénomène)

Arrivé en France à l'âge de 2 ans, le petit Steve commence à toucher ses premiers ballons de foot au pied des tours où il habite, près d'Évreux, en Normandie. À l'adolescence, tout comme ce fut le cas pour Wayne Rooney, c'est pourtant vers la boxe qu'il se tourne, à la fois pour occuper son temps libre et tenter de suivre les traces de deux de ses idoles, Mohammed Ali et Mike Tyson. Le foot, c'est uniquement pour s'amuser de temps en temps.
Le destin de Steve bascule lorsqu'il partage les pistes d'entraînement des footballeurs de l'ALM Évreux. Attiré par l'ambiance très positive qui règne lors des entraînements, Steve partage de plus en plus le quotidien des joueurs. Il choisit alors d'évoluer au poste de gardien de but : un parfait compromis entre son parcours de boxeur, où l'on est seul face à un adversaire, et l'esprit d'une équipe qu'il apprécie plus que tout.

À l'âge de 15 ans, Steve Mandanda intègre le centre de formation du Havre puis joue son premier match professionnel le 26 août 2005. Deux ans plus tard, il devient le gardien de l'Olympique de Marseille, club avec lequel il remporte trois fois la Coupe de la Ligue (2010, 2011, 2012) et le championnat de France (2010). En 2017, il devient le recordman du nombre de matches joués sous le maillot de l'OM.

Présent lors du fiasco de la France au Mondial 2010, Mandanda est régulièrement sélectionné dans l'équipe de France.

▲ *Nicolas Anelka aime **marquer** avec des ballons qui fusent au second poteau. Du plat du pied, il finit le travail sous le regard dépité du gardien de but roumain.*

« mener à la marque » (avoir plus de buts que son adversaire).

2. Suivre l'un de ses adversaires, rester à côté de lui, afin de limiter son champ d'action, voire intercepter une balle qui lui serait destinée. On parle alors de « marquage ». Celui-ci peut être individuel (un défenseur surveille le même adversaire, action importante en cas de corner) ou de zone (un défenseur surveille une partie du terrain pour faire face aux attaques à cet endroit). On dit aussi d'un joueur qu'il est « marqué à la culotte » lorsqu'un adversaire ne le quitte pas d'un pouce dans tous ses déplacements.

●MATCH

Partie de football disputée entre deux équipes. La durée d'un match est de 90 minutes, auxquelles s'ajoutent éventuellement des prolongations. On distingue différents types de matches.

– **Match d'ouverture :** premier match d'une compétition.

– **Match aller, match retour :** premier et second match opposant les deux mêmes équipes lors d'une compétition. Ils se déroulent sur des terrains différents. L'un « à domicile », l'autre « en déplacement ».

– **Match avancé :** rencontre

d'une journée de championnat se déroulant avant la date initialement prévue.

– **Match en retard :** rencontre d'une journée de championnat se déroulant après la date initialement prévue.

– **Match amical :** match sans enjeu qui a souvent lieu pour que les équipes puissent se tester et pour faire jouer les joueurs en retour de blessure ou en réserve.

Plusieurs expressions sont aussi directement liées à ce mot.

– **« Match à sens unique » :** rencontre largement dominée par l'une des deux équipes.

– **« Passer à côté du match » :** manquer complètement sa prestation (pour une équipe ou un joueur).

– **« Match dans le match » :** duel opposant deux joueurs au cours d'une rencontre.

– **« Match nul » :** ne voulant pas dire « de mauvaise qualité » mais que les équipes sont à égalité de score à la fin du match.

– **« Tuer le match » :** prendre un tel avantage sur l'équipe adverse que celle-ci ne peut être en mesure de recoller au score.

●MATUIDI (BLAISE)

voir page 133

●MBAPPÉ (KYLIAN)

voir page 134

▲ *Lorsqu'un très bon attaquant (Cristiano Ronaldo) se trouve face à un très bon défenseur (Lilian Thuram), cela se solde souvent par un* ***match dans le match.***

●MENDY (BENJAMIN)

voir page 135

●MENEUR DE JEU

C'est un joueur dont la tâche consiste à orienter le jeu et dis-

▲
*La légende veut que ce soit **Roger Milla** qui, le premier, ait dansé autour du drapeau de corner après avoir marqué un but. Il eut l'occasion de danser 4 fois lors de la Coupe du monde 1990 alors qu'il avait 38 ans.*

tribuer les passes vers les attaquants. C'est souvent un joueur d'expérience et il porte fréquemment le numéro 10.
Michel Platini, Zinedine Zidane ou Diego Maradona étaient des meneurs de jeu.

●MERCATO

Terme venant de l'italien *mercato* (marché).
C'est la période durant laquelle les clubs ont le droit d'acheter, de prêter ou de vendre des joueurs ; on parle alors de « transferts » (d'un club vers un autre). Le marché des transferts a lieu deux fois par an : à « l'intersaison » (ou « trêve estivale », c'est-à-dire la période d'été qui sépare deux saisons de football) et pendant le mois de janvier.

●MESSI (LIONEL)

voir page 136

●MILIEU

1. Zone située au centre du terrain. Elle est délimitée par un cercle de 9,15 m de diamètre. C'est au centre de ce cercle que la balle est placée à l'entame de chaque mi-temps.
2. Joueur très polyvalent, pouvant évoluer à plusieurs postes.
On distingue ainsi.
– le milieu offensif : joueur chargé d'organiser l'attaque de ses coéquipiers, notamment grâce à son excellente vision du jeu ;
– le milieu défensif : il a pour double objectif d'être un premier obstacle derrière son attaque quand une offensive se déploie et aussi de gêner le développement du jeu adverse ;
– le milieu tournant (ou « relayeur ») : son rôle est d'amener et de transmettre les ballons le mieux possible aux joueurs placés en position de marquer.

●MILLA (ROGER)

Albert Roger Miller, dit Roger Milla, joueur camerounais, né le 20 mai 1952, à Youndé (Cameroun). Attaquant.

Passionné de football depuis sa plus tendre enfance, il signe sa première licence à l'Éclair de Douala alors qu'il n'a que 13 ans. Il poursuit sa carrière au Cameroun puis en France, notamment à Bastia, Saint-Étienne et Montpellier, où il reste de 1986 à 1989. Entre-temps, il continue périodiquement à jouer en sélection nationale et, malgré ses 38 ans, époustoufle les spectateurs en inscrivant 4 buts lors de la Coupe du monde 1990. Celui que l'on surnomme le « vieux lion » marquera même un but en phase

BLAISE MATUIDI

FICHE D'IDENTITÉ
Naissance : 9 avril 1987
à Toulouse, France
Taille : 1,80 m
Poste : milieu défensif

Né d'un père angolais et d'une mère congolaise qui ont fui l'Afrique, le petit Blaise a toujours su qu'il voulait devenir footballeur. Au pied des tours de son quartier, à Fontenay-sous-Bois, il rêve du PSG en frappant dans ses premiers ballons. À 13 ans, il intègre le centre de formation de Clairefontaine. Il n'est pas le plus technique ni le plus physique des jeunes recrues mais il a déjà la hargne et s'accroche à son ambition de devenir joueur professionnel. Quatre ans plus tard, il fait ses débuts en Ligue 2 à l'ES Troyes AC. Ceux-ci sont plutôt timides car il n'entre sur le terrain que deux fois. Cela ne l'empêche pas d'être sélectionné en équipe de France des moins de 18 ans cette saison-là. L'année suivante, Troyes et Matuidi montent en Ligue 1 : c'est le début d'une ascension spectaculaire pour le jeune milieu de terrain. Il est engagé par Saint-Étienne en 2007, puis par Paris en 2011. Mais tout n'est pas simple pour autant. Le Qatar vient de racheter le club et la compétition est très rude pour trouver sa place face aux stars internationales qui débarquent. C'est l'époque où Kevin Gameiro, Jérémy Ménez ou encore Mamadou Sakho quittent le navire mais Matuidi, lui, s'accroche encore une fois. À l'aise Blaise, il dispose d'un abattage incroyable sur le terrain et récupère tous les ballons qui traînent. Aux côtés des stars Zlatan Ibrahimovic ou Thiago Silva, il remporte quatre fois de suite le championnat de France avec le PSG. Mais il est également l'un des hommes sûrs de Didier Deschamps en équipe de France car, même s'il ne marque pas beaucoup, il est désormais l'un des meilleurs milieux de terrain d'Europe. La Juventus ne s'y trompe pas et le signe en 2017. Le rêve n'est pas terminé.

KYLIAN MBAPPÉ

FICHE D'IDENTITÉ
Naissance : 20 décembre 1998
à Paris, France
Taille : 1,78 m
Poste : attaquant, ailier droit
Surnoms : Razmoket,
Le petit Obama

Un père ancien joueur de football et entraîneur amateur, une mère ex-handballeuse de haut niveau : Kylian Mbappé est un enfant de la balle. Mais alors un enfant précoce. Un ovni. Un surdoué. Un prodige. Son idole Zidane le suit depuis qu'il est enfant, Nike lui signe son premier contrat publicitaire alors qu'il n'a que 13 ans et le Real de Madrid lui fait visiter ses installations à 14 ans. À 16 ans et 11 mois, « Razmoket » devient un des plus jeunes joueurs à évoluer en Ligue 1 avec l'AS Monaco. À 17 ans, il marque 6 buts en Ligue des champions, 15 buts en championnat de France et remporte le titre avec le club monégasque. À 18 ans, il honore sa première sélection chez les Bleus.

À 19 ans, il est le plus jeune joueur sélectionné pour le Ballon d'or… Mais surtout, le 31 août 2017, dernier jour du mercato, Mbappé devient le joueur français le plus cher de l'histoire, le deuxième, toutes nationalités confondues, derrière Neymar :180 millions d'euros ! Le soir même de l'annonce de son transfert au club parisien, il marque son premier but en équipe de France. Rapide, puissant, doté d'une intelligence du jeu exceptionnelle, aussi habile passeur que buteur, Mbappé est magique et constitue l'une des meilleures attaques au monde aux côtés de ses complices du PSG, Neymar et Cavani.

Le petit Benjamin a 7 ans lorsqu'un jour, sur le chemin de l'entraînement, il est percuté par une voiture en suivant son ballon sur la route. Plus de peur que de mal mais cette histoire résume bien Benjamin Mendy : parfois tête en l'air, il est également indestructible. A l'âge de 13 ans, il intègre le centre de formation du Havre. C'est là que l'adolescent, qui ne jurait que par le poste d'attaquant, découvre sa vraie place : latéral gauche. Offensif et rapide, il offre des passes souvent décisives à ses coéquipiers et peut créer le surnombre en attaque. Dès ses 15 ans, il est de toutes les sélections en équipe de France jeunes et, à 17 ans, il devient professionnel avec Le Havre AC. En 2013, il rejoint l'Olympique de Marseille avec lequel il est finaliste de la Coupe de France en 2016. Après trois ans et une centaine de matches sous le maillot marseillais, la carrière de Mendy explose. En 2017, il devient champion de France et demi-finaliste de la Ligue des champions avec l'AS Monaco. Une saison exceptionnelle qui le voit également sélectionné pour la première fois chez les Bleus. Et comme un bonheur n'arrive jamais seul, le voilà débauché en juillet 2017 par Manchester City qui n'hésite pas à sortir un énorme chèque. Mendy devient cet été-là le défenseur le plus cher de l'histoire du football.

BENJAMIN MENDY

FICHE D'IDENTITÉ
Naissance : 17 juillet 1994
à Longjumeau, France
Taille : 1,85 m
Poste : défenseur latéral

LIONEL MESSI

FICHE D'IDENTITÉ
Naissance : 24 juin 1987, à Rosario, Argentine
Taille : 1,69 m
Poste : milieu offensif, ailier, attaquant
Surnoms : Léo, la pulga (la puce)

LE SAVIEZ-VOUS ?
Messi a l'un des palmarès les plus impressionnants de l'histoire du football, ce qui lui a notamment valu de remporter le Ballon d'or quatre années de suite (2009, 2010, 2011, 2012) et une fois, en 2015. Il a claqué la bagatelle de 50 buts en 37 matches de Liga pour son équipe du Barça lors de la saison 2011-2012.

Ceux qui pensaient que l'Argentin Maradona serait irremplaçable peuvent désormais être rassurés. L'ancien champion adulé par tout un pays vient en effet d'être détrôné par un jeune homme de 1,69 m, véritable extraterrestre de la planète foot.

Frappé par un déséquilibre hormonal, le jeune Lionel Messi naît dans une famille très modeste, incapable de lui payer le traitement qui lui fera gagner quelques précieux centimètres. Mais ses talents balle au pied sont déjà impressionnants, et la légende veut que les dirigeants du Barça, qui l'ont rencontré alors qu'il avait 13 ans, n'ont eu besoin que de 30 secondes pour accepter de prendre en charge les soins…

Le FC Barcelone peut donc s'enorgueillir de compter dans ses rangs le meilleur dribbleur du monde ; aucune défense ne semble pouvoir lui résister. Et il ne se contente pas de laisser sur place tous ses adversaires : il est aussi un incomparable buteur. Bref, un attaquant complet, capable de démarrages fulgurants, gaucher de génie qui déstabilise ses adversaires.

Et s'il ne peut pas marquer du pied, pas de problème, il utilise son excellent jeu de tête.

L'Argentine a un nouveau dieu, et le monde entier l'envie…

QATAR
AIRWAYS

finale du Mondial 1994, il a 42 ans ! Établi à Montpellier, Roger Milla continue de parcourir le monde en tant qu'ambassadeur du football camerounais.

MI-TEMPS

1. Temps de repos d'une durée de 15 minutes séparant un match en deux périodes de jeu de 45 minutes chacune. L'entraîneur en profite pour définir les modifications dans la tactique de jeu qu'il souhaite voir adopter par ses joueurs en fonction du déroulement du jeu et du résultat de la première période.

2. Chacune des deux périodes de 45 minutes (première mi-temps, deuxième mi-temps).

3. Troisième mi-temps ; petite fête qui suit quelquefois un match lorsqu'il s'est particulièrement bien déroulé pour l'une des deux équipes.

MORT SUBITE

VOIR BUT

MOURINHO (JOSÉ)

voir page ci-contre.

MÜLLER (THOMAS)

voir page 142

MUR

Lors d'un coup franc, l'équipe sanctionnée forme un mur de plusieurs joueurs placé à 9,15 m du tireur adverse pour faire obstacle de leurs corps afin d'être sur la trajectoire de la balle et ainsi de l'empêcher de marquer un but ou tout au moins de le gêner dans sa tentative.
Les ballons étant généralement frappés assez fort, les joueurs qui composent le mur ont pris l'habitude de protéger les parties sensibles de leur anatomie avec leurs mains…

▶▶

Le coup franc vient d'être tiré, tous les joueurs qui forment le ***mur*** *sautent ensemble pour faire un barrage plus efficace à la balle.*

JOSÉ MOURINHO

FICHE D'IDENTITÉ
Naissance : 26 janvier 1963 à Setubal, Portugal
Poste : entraîneur
Surnom : A Special One

Fils de gardien et d'entraîneur de foot, José Mourinho a débuté comme joueur professionnel. Mais il n'est pas assez rapide ni assez puissant, et il doit raccrocher les crampons à 25 ans. En revanche, son sens tactique est très affûté. Alors qu'il n'a que 15 ans, papa Mourinho demande un jour des conseils à son fils pour gagner un match important. Pendant une semaine, le jeune José observe les points faibles de l'équipe adverse avant de transmettre les informations à son père. Son aide se révèle si précieuse qu'il sera payé en échange de ses recommandations. Aujourd'hui, José Mourinho est l'entraîneur le plus titré et le plus médiatique de ces quinze dernières années. Il est considéré surtout comme le meilleur tacticien du monde. Son palmarès est plutôt impressionnant : huit titres de champion national dans quatre pays différents et deux Ligues des champions. En 2010, avec l'Inter Milan, il se paie même le luxe de réaliser le triplé magique Série A, Coupe d'Italie et Ligue des champions. Coach de Manchester United depuis 2016, Mourinho a entraîné le gotha des clubs européens comme le FC Porto, le Chelsea FC sans oublier le Real Madrid. Adoré ou détesté, il n'est jamais à court d'une provocation pour déstabiliser ses adversaires. Et quand il veut un champion dans son équipe, il n'hésite pas à y mettre le prix. Depuis que le coach portugais officie au plus haut niveau, ses recrues ont coûté plus de1 milliard d'euros à ses différents clubs !

KLINSMANN
18
Card

WÖRNS
2
20
FUJI

THOMAS MÜLLER

FICHE D'IDENTITÉ
Naissance : 13 septembre 1989 à Weilheim in Oberbayern, Allemagne
Taille : 1,86 m
Poste : attaquant, milieu offensif

Thomas Müller est une énigme. Il y a des moments où il ne ressemble à rien, on ne sait plus dans quelle position il est censé jouer, et pourtant tous les entraîneurs vous diraient que cet attaquant allemand est un joueur fabuleux qu'ils aimeraient avoir dans leur équipe. Le Bavarois a effectivement tout gagné avec son Bayern Munich et est devenu l'une des coqueluches des supporteurs. Il est à la fois puissant et fin, passeur et buteur. Müller peut jouer devant, sur une aile ou en milieu de terrain, de toute façon rien ne l'empêche de marquer des buts. À la Coupe du monde 2010, il inscrit 5 buts pour finir le tournoi meilleur buteur, et il en a encore mis 5 en 2014, lorsque l'Allemagne est devenue championne du monde pour la quatrième fois.

n

NAKAMURA *(SHUNSUKE)*
NEUER *(MANUEL)*
NEYMAR
NUMÉRO

●NAKAMURA (SHUNSUKE)

voir page suivante.

●NEUER (MANUEL)

voir page 146

●NEYMAR

voir page 147

●NUMÉRO (VOIR AUSSI MAILLOT)

Nombre attribué à chaque joueur et inscrit sur le dos de son maillot et quelquefois sur le côté de son short. Ce numéro est attribué de façon permanente dans l'équipe.
Cette règle a été instaurée en 1933 afin que les spectateurs et même l'arbitre puissent mieux reconnaître les joueurs présents sur le terrain.
De façon classique, jusque dans les années 1960, la distribution des numéros se faisait alors selon la répartition suivante :
n° 1 gardien de but
n° 2 arrière droit
n° 3 arrière gauche
n° 4 demi-droit
n° 5 demi-centre
n° 6 demi-gauche
n° 7 ailier droit
n° 8 inter droit
n° 9 avant-centre
n° 10 inter gauche
n° 11 ailier gauche.

▲
*Les **numéros** doivent être bien visibles afin que les spectateurs et même l'arbitre puissent mieux reconnaître les joueurs présents sur le terrain.*

▲ *En hommage à leur coéquipier Marc-Vivien Foé, mort accidentellement, l'équipe camerounaise porte le **numéro** 17 qui lui était attribué.*

De nos jours, compte tenu des multiples schémas tactiques et de l'augmentation des effectifs professionnels, rares sont les joueurs dont le numéro correspond réellement à un poste.

Deux numéros restent néanmoins mythiques, le 9, porté par l'avant-centre, et surtout le numéro 10, ornant le maillot du joueur souvent considéré sur le terrain comme le maître du jeu. Parmi les numéros 10 les plus célèbres, on peut citer Michel Platini, Pelé, Diego Maradona ou, bien sûr, Zinedine Zidane.

SHUNSUKE NAKAMURA

FICHE D'IDENTITÉ
Naissance : 24 juin 1978, à Yokohama, Japon
Taille : 1,78 m
Poste : milieu de terrain

Shunsuke Nakamura est une véritable icône dans son pays. C'est vrai qu'évoluer dans les championnats professionnels européens n'est pas à la portée de tous les joueurs japonais. Même si son passage au Reggina Calcio, en Italie (2000-2005), ne fut pas vraiment couronné de succès, Nakamura a su étoffer son jeu lors de ses trois ans passés chez les Écossais du Celtic Glasgow.

Son arme fatale : une frappe du gauche canon, qui cloue sur place la plupart des gardiens. De près ou de loin, de l'intérieur ou de l'extérieur du pied, dans l'action ou à l'arrêt, le champion japonais fait mouche.

Mais Nakamura se sent un peu à l'étroit en Écosse. Ses magnifiques passes, souvent décisives, il aimerait les faire à des coéquipiers un peu plus prestigieux. En 2009, son rêve est exaucé, l'Espagne lui tend les bras par le biais de l'Espanyol Barcelone. Sa rigueur et sa régularité lui valent les faveurs de sa sélection nationale.

Malheureusement, jugeant ses prestations trop médiocres à l'occasion du Mondial 2010, il décide de tirer un trait sur sa carrière internationale, mais continue de jouer pour le Yokohama Marinos, dans son pays natal.

LE SAVIEZ-VOUS ?

- Le 13 septembre 2006, Nakamura est devenu le premier joueur japonais à marquer un but en Ligue des champions pour le Celtic Glasgow, contre Manchester United.
- Shunsuke Nakamura est l'une des principales vedettes du jeu Pro Evolution Soccer 5. Certains disent que ses prouesses vidéo dépasseraient un peu la réalité…

MANUEL NEUER

FICHE D'IDENTITÉ
Naissance : 27 mars 1986,
à Gelsenkirchen, Allemagne
Taille : 1,93 cm
Poste : gardien de but

L'Allemand est sans doute devenu le meilleur gardien de but du monde depuis qu'il a rejoint le Bayern Munich en 2011 après cinq saisons de Bundesliga avec son club formateur, le Schalke 04. Quand ce natif de Gelsenkirchen déploie son 1,93 m devant les attaquants adverses, le but semble tout petit tout d'un coup. Et il a fait tellement d'arrêts exceptionnels ces dernières années que l'on sent ses adversaires perdre de l'assurance en le voyant devant eux. Mais en plus d'effectuer des sauvetages remarquables sur sa ligne, grâce à des réflexes hors normes, Neuer a aussi réinventé le rôle du gardien. En effet, celui qui fut élu meilleur gardien de but de la Coupe du monde 2014 qu'il a remportée avec l'Allemagne est devenu une sorte de gardien-libéro tellement il joue loin de sa ligne de but quand son équipe a le ballon. Pour un gardien normal, ça serait prendre des risques. Mais Manuel n'a peur de rien, c'est bien lui le plus fort !

NEYMAR

Le fantasque joueur brésilien qui change de coupe de cheveux tous les mois est une vedette mondiale depuis ses 18 ans. Et il faut dire qu'il a tout pour lui. Beau gosse, souriant et avec un talent sublime, Neymar est celui qui ressemble le plus au génial Ronaldinho, qui avait lui aussi cette envie folle de nous épater avec des gestes hors normes, des tours de magie balle au pied.

Neymar joue quatre saisons avec le Santos, le club brésilien du légendaire Pelé, et inscrit 136 buts avant de traverser l'Atlantique pour rejoindre le FC Barcelone. En Catalogne, notre fashion victim a besoin d'un temps d'adaptation, mais, une fois habitué aux rigueurs du football européen, on ne l'arrête plus. Son accélération, ses prises de risques, ses dribbles font de lui un joueur adoré par les fans de Barcelone et admiré par tous. Lorsqu'il est réuni avec Lionel Messi et Luis Suárez pour la saison 2014-2015, ce que nous appelons le MSN inscrit la bagatelle de 122 buts à eux trois ! Déjà capitaine de son équipe nationale à 22 ans, Neymar trouve le moyen de résister aux pressions de son métier et se bonifie d'année en année. Toujours avec ce désir de nous éblouir. Véritable phénomène, il devient le joueur le plus cher de l'histoire du football en signant au PSG en 2017 pour 222 millions d'euros. Et dès son premier match, il devient l'idole des supporters parisiens. Aux côtés de Kylian Mbappé et d'Edinson Cavani, il forme désormais la MCN, l'une des attaques les plus redoutables du monde !

FICHE D'IDENTITÉ
Naissance : 5 février 1992, à Mogi das Cruzes, État de São Paulo, Brésil
Taille, 1,74 m
Poste : attaquant

OBSTRUCTION

Action par laquelle on s'oppose, sans être en possession du ballon, entre ce dernier et l'adversaire, l'empêchant ainsi de s'en emparer. L'obstruction est considérée comme de l'anti-jeu et sanctionnée depuis 1951 par un carton jaune et donc un coup franc indirect.

ATTENTION : si l'arbitre estime que l'obstruction était violente, il peut sortir un carton rouge !

Le grec Theódoros Zagorákis empêche Zidane de jouer son ballon. Il va être sifflé par l'arbitre pour ***obstruction.***

OCCASION (DE BUT)

Conclusion d'une action de jeu pendant laquelle une équipe est en réelle position de marquer un but.
En général, lorsqu'on en parle, c'est que cette occasion a été manquée à peu de chose près…
Le ballon frappe la barre transversale lors d'un tir puissant ou un joueur démarqué loupe de très peu un centre qui lui était adressé…

OFFENSIVE OFFENSIF

Encore un terme emprunté au langage militaire et qui signifie « attaque ». On dit ainsi que des joueurs « lancent une offensive » lorsqu'ils partent à la conquête des buts adverses.
L'adjectif « offensif » concerne ce qui touche à l'attaque et peut tout aussi bien qualifier une phase de jeu qu'un joueur. On parle ainsi d'un « milieu offensif ».

ONZE D'OR

Récompense donnée au meilleur joueur européen de l'année par les lecteurs du magazine français *Onze Mondial.* Il existe trois catégories, comme pour les jeux olympiques : Le Onze d'or, le Onze d'argent et le Onze de bronze.
Ce titre, créé en 1976 ne se compare pas au Ballon d'or (créé en 1956) qui récompense le meilleur joueur au niveau mondial (voir pages 16-17). On peut cependant noter que les deux titres couronnent souvent le même joueur. Cela ne se vérifiera plus car depuis l'année 2015 ce trophée consacre le meilleur joueur français. Le Onze d'or 2015 a été attribué à Antoine Griezmann alors que Lionel Messi a été élu Ballon d'or pour la cinquième fois !

ONZE TRICOLORE

Onze joueurs composent une équipe de football sur le terrain. Le drapeau français comporte trois couleurs, il est tricolore. Le Onze tricolore est donc l'équipe de France de football.

OUVRIR

1. On dit qu'une équipe ouvre le score (la marque) lorsqu'elle marque le premier but.
2. Ouvrir signifie également faire une longue passe à l'un de ses coéquipiers bien placé dans le camp adverse. L'expression employée est plutôt « faire une ouverture ».

ÖZIL (MESUT)

voir page suivante

▶▶
Coupe du monde 2006. Victoire contre l'Espagne. Le ***Onze tricolore*** *continue son chemin dans la compétition. Quatre ans plus tard, les visages seront moins réjouis…*

MESUT ÖZIL

FICHE D'IDENTITÉ
Naissance : 15 octobre 1988
à Gelsenkirchen, Allemagne
Taille : 1,81 m
Poste : milieu de terrain offensif

Vous savez qu'un joueur est à part lorsque tous ceux qui ont eu la chance de jouer avec lui ne trouvent pas assez de mots pour louer son talent.

Özil fait partie de ceux-là. Sa conduite de balle exceptionnelle, sa capacité de voir le jeu avant tout le monde, ses passes parfaitement ajustées vers ses coéquipiers, voilà déjà de bonnes raisons pour payer sa place et aller voir ce sorcier pour de vrai au stade. Où qu'il joue, Özil fait briller les partenaires qui évoluent autour de lui.

Après ses débuts au Schalke, puis au Werder Brême, le natif de Gelsenkirchen a quitté son Allemagne natale pour le Real Madrid. À chacune de ses trois saisons en Espagne, Özil fut le meilleur passeur du championnat.

Il est parti à Londres s'éclater avec Arsenal et a gagné la Coupe du monde avec le Mannschaft au Brésil en 2014.

Özil, cet Allemand avec des racines turques, a sa propre explication de son style de jeu : *« Ma technique et mon toucher de ballon viennent de mon côté turc alors que la discipline et cette façon de ne jamais renoncer sont ma partie allemande. »*

AVAYA

Coupe du monde 2006. Zidane tente et réussit une ***panenka*** face à Gigi Buffon. Ce sera le seul but encaissé par le gardien italien si l'on excepte celui de Zaccardo, marqué contre son camp.

P

PANENKA
PAPIN *(JEAN-PIERRE)*
PASSE
PASSEMENT DE JAMBE
PELÉ
PENALTY
PERCER, PERFORER
PETIT PONT
PIQUÉ *(GERARD)*
PIVOT
PLATINI *(MICHEL)*
PLONGEON
POGBA *(PAUL)*
POINTE
PONT
PORTER (LE BALLON)
POSSESSION (DE BALLE)
POSTES
POULE (PHASE DE)
PRESSING
PROFONDEUR (EN)
PROLONGATION
PROLONGATIONS
PROTÈGE-TIBIA
PUSKÁS *(FERENC)*

●PANENKA

voir pages précédentes

Ruse consistant à tirer un penalty en piquant la balle doucement et au centre du but afin de tromper le gardien qui anticipe généralement en plongeant à droite ou à gauche de la cage.
Ce terme vient du tir réalisé par le Tchèque Antonin Panenka lors de l'Euro 1976 et qui permit à son équipe de gagner la finale.
C'est de cette façon que Zidane a tiré et marqué son penalty en finale de la Coupe du monde en 2006.

●PAPIN (JEAN-PIERRE)

Joueur français né le 5 novembre 1963, à Boulogne-sur-Mer (Pas-de-Calais). Attaquant.

Marquer des buts ! Telle semble être la devise de Jean-Pierre Papin qui n'aura de cesse de la mettre en œuvre tout au long de sa carrière.
À 7 ans, il fait déjà partie d'un club. Il parfait sa formation à l'INF Vichy puis à Valenciennes alors en deuxième division. Ses talents d'attaquant ne passent pas inaperçus et il signe avec le FC Bruges pour la saison 1985-1986.

Ses qualités de joueur n'explosent réellement au niveau national que grâce à sa sélection en équipe de France pour un match amical contre l'Irlande, le 26 février 1986. Même si la rencontre se termine par un match nul 0-0, Papin s'est assez fait remarquer pour gagner sa place en équipe nationale. Il portera le maillot bleu 54 fois entre 1986 et 1995, période pendant laquelle il inscrira 30 buts. En 1991, ses performances sont couronnées par le Ballon d'or et le Onze d'or.

Sa carrière en club prend son envolée à l'Olympique de Marseille, qu'il intègre en 1986, puis qu'il quitte en 1992 pour un autre club prestigieux : le Milan AC. Depuis le début de sa carrière, il a déjà marqué à cette époque plus de 200 buts. Il continue sur sa lancée au Bayern Munich (1994-1996), mais des blessures à répétition l'éloignent des terrains... et de la sélection nationale. Il entre ensuite aux Girondins de Bordeaux (été 1996) et participe à la conduite du club en finale de la Coupe de la Ligue. En 1998, il met un point final à sa carrière après avoir fait un bref passage à Guingamp.

Entre 2004 et 2005, il entraîne le Football Club Bassin d'Arcachon et, depuis le 6 mai 2006, prend en charge la destinée du Racing Club de Strasbourg.

▲
*Dribbleur hors pair, **Jean-Pierre Papin** est l'un des joueurs français à avoir marqué le plus grand nombre de buts dans sa carrière.*

Jean-Pierre Papin reste le meilleur buteur, toutes compétitions européennes confondues (38 buts).

Avec son épouse, Florence, il a également créé l'association Neuf de cœur pour aider les parents qui, comme lui, ont un enfant souffrant d'une maladie rare.

À NOTER : Jean-Pierre Papin était devenu un tel spécialiste des coups originaux (reprises de volée, bicyclette...) qu'aujourd'hui encore on qualifie de « papinade » toute tentative de tir ou de reprise spectaculaire.

▲ *Le « Roi **Pelé** » est le seul footballeur à avoir remporté trois Coupes du monde (1958, 1962, 1970). On ne saura jamais s'il aurait pu faire gagner le Brésil en 1966 ; il était blessé.*

PASSE (VOIR AUSSI UNE-DEUX)

C'est l'action de transmettre le ballon à l'un de ses coéquipiers. Elle doit être précise et appuyée afin de ne pas être interceptée par un adversaire. Selon les cas, elle sera longue ou courte, latérale ou oblique, en profondeur ou transversale, dans la course ou en retrait, à terre ou aérienne... Certains types de passe sont même désignés par une expression spécifique.

– **« Une passe décisive » :** passe qui permet à un coéquipier de marquer immanquablement ;
– **« Un caviar » :** c'est une superbe passe, bien amenée et parfaitement exécutée, qui permet généralement à un coéquipier de marquer le but ;
– **« Une passe téléphonée » :** passe que l'adversaire a largement eu le temps d'anticiper.

PASSEMENT DE JAMBE (VOIR AUSSI DRIBBLE)

Dribble consistant à faire passer plusieurs fois son pied au-dessus du ballon sans le toucher. Il est complété, comme dans tous les dribbles, de feintes de corps ayant pour but de déséquilibrer l'adversaire.

PELÉ

– « Comment épelez-vous Pelé ? »
– « D-I-E-U ».
Titre du magazine américain *The Sunday Times,* lors du Mondial 1970.

Edson Arantes do Nascimento, dit Pelé, joueur brésilien, né le 23 octobre 1940, à Tres Coraçoes, au Brésil. Attaquant.

Fils d'un joueur professionnel, il entre à l'équipe du Bauru-SP où il reste jusqu'en 1956. Passé pro, il intègre le Santos FC, célèbre

club de l'État de São Paulo où il fera une brillante carrière jusqu'en 1974. C'est pourtant grâce à son équipe nationale qu'il va connaître la gloire ! Il a tout juste 17 ans lorsqu'il participe à son premier Mondial qu'il illumine par ses immenses qualités d'attaquant. Il devient le plus jeune champion du monde de l'histoire après avoir marqué deux des cinq buts contre la Suède lors de la finale. La légende est en marche, une idole nationale et internationale est née.
Pelé enchaîne les succès et devient vite l'angoisse de toutes les défenses, ce qui lui vaudra quelques mauvais coups donnés par des adversaires... Mais rien ne l'arrête, notamment lors de la Coupe du monde 1970 au Mexique où il réalise des coups d'anthologie. Le Brésil remporte un nouveau trophée, cette fois face à l'Italie.
En 1974, Pelé signe avec le New York Cosmos, club dans lequel il reste trois ans avant de mettre un terme à sa carrière.
Entre 1956 et 1977, il aura marqué pas moins de 1 244 buts ! Il inscrit le millième le 19 novembre 1969, dans le stade géant de Maracaña, à Rio, devant 200 000 spectateurs en délire.
Il reste le meilleur buteur de l'histoire du football professionnel toutes compétitions confondues et a notamment été élu athlète du siècle par le Comité international olympique (CIO), en 1999. Considéré comme l'un des joueurs les plus sympathiques et les plus modestes de l'histoire du football, Pelé a participé à de nombreuses manifestations en faveur d'organisations caritatives ; il porte bien son surnom de « perle noire ».

●PENALTY

voir pages suivantes

Également appelé « péno », sa nomination officielle est « coup de pied de réparation ».
Si un défenseur commet une faute (tacle, main, obstruction sur un attaquant adverse...) dans sa surface de réparation, l'arbitre siffle un penalty. Le ballon est placé sur le point de penalty, situé à 11 mètres de la ligne de but. Le gardien a le droit de se déplacer à gauche ou à droite de sa ligne, mais pas de s'avancer dans la surface de réparation. Les joueurs des deux équipes doivent se trouver à l'extérieur de la surface de réparation et à 9,15 m du point de penalty. Ils ne peuvent y pénétrer que lorsque le tir est effectué.
Le tireur doit prendre alors la décision de tirer soit en force soit en finesse et du côté de son choix pour essayer de tromper le gardien. Si le tir est repoussé par le

gardien de but, le ballon peut être repris et joué par n'importe quel joueur (y compris le tireur). Si le tir est repoussé par un poteau ou la barre transversale, le tireur ne peut pas rejouer le ballon.

À NOTER : le penalty peut être tiré de façon indirecte ! Il suffit de préparer la combinaison à l'entraînement qui consiste, pour le tireur, à faire une petite passe en avant (d'une longueur équivalant à la circonférence du ballon au minimum), et un partenaire venu de derrière n'a plus qu'à continuer l'action.

PERCER, PERFORER

Entrer dans la défense adverse et en dépasser les membres en dribblant pour accéder plus en avant, vers le but opposé.
Comme dans le langage militaire, on dit alors que le joueur « fait une percée » dans le camp d'en face ou qu'il « perfore » la défense adverse.

PETIT PONT

En faisant un petit pont, on parvient à passer le ballon entre les jam-bes de son adversaire avant de le récupérer derrière lui en profitant de son déséquilibre et en le contournant.

◄◄ *Pour arrêter ce* ***penalty,*** *Steve Mandanda a choisi le bon côté pour plonger et il repousse le tir de Steven Gerrard. Le ballon sera, hélas, repris par un joueur de Liverpool et finira au fond des filets marseillais.*

PIQUÉ (GERARD)

voir page 163

PIVOT

Joueur placé dos au but adverse et qui sert d'appui pour l'un de ses coéquipiers lors d'une phase d'attaque. On parle de pivot en référence à sa position qui lui permet de se tourner à sa guise afin de se positionner au mieux pour faire une passe ou tirer au but.

PLATINI (MICHEL)

« La rue, c'est la meilleure façon de devenir un bon footballeur. »

Michel Platini

Joueur français, né le 21 juin 1955, à Jœuf (Meurthe-et-Moselle). Attaquant.

Alors qu'il est encore un tout jeune garçon, Michel Platini fait ses premiers matches dans le petit club de Jœuf ; sa passion pour le foot ne le quittera plus jamais. En 1972, il rejoint l'AS Nancy-Lorraine après avoir été rejeté du FC Metz, club qu'il convoitait, pour des raisons médicales. Le début de sa carrière est entaché par de nombreuses blessures et plusieurs coups du sort qui l'éloignent des terrains. Il s'illustre néanmoins en devenant un spécialiste du coup franc ! En 1976, Platini brille dans le tournoi olympique avec l'équipe nationale, puis signe son premier contrat professionnel avec Nancy.

C'est néanmoins chez les Bleus que ses talents de meneur et de buteur prennent toute leur importance. Il participe ainsi largement à la qualification de la France dans la phase finale du Mondial 1978 et ses exploits répétés font de lui l'un des joueurs les plus convoités par les grands clubs internationaux. C'est pourtant à Saint-Étienne que va sa préférence. Il signe avec les Verts en 1979 et reste trois ans avec le club tout en affirmant sa place de numéro 10 au sein de l'équipe de France. En 1982, départ pour la Juventus de Turin. Après une inté-

*Le joueur qui réussit un **petit pont** n'est pas forcément parti avec l'intention de le réaliser. C'est, le plus souvent, le résultat d'une opportunité provoquée par un dribble qui place l'adversaire dans une position idéale pour le tenter, comme ici Samuel Eto'o face à Antonio Caneira.*

*Pour se faire entendre par ses joueurs, il faut donner de la voix. **Michel Platini** se plie à la règle.*

gration un peu difficile, Platini laisse éclater son jeu et participe à l'une des périodes les plus brillantes de l'histoire du club. Il reçoit le Ballon d'or et le Onze d'or trois années de suite (1983, 1984 et 1985). En 1984, fort de son poste de capitaine, il amène les Bleus à la victoire dans le championnat d'Europe des nations, premier grand titre international pour la France. Il est élu meilleur joueur du tournoi, après avoir marqué neuf buts en cinq matches (dont celui par lequel il a réussi à tromper le gardien espagnol, Luis Arconada).

Usé par une série de blessures et ne désirant pas faire « la saison de trop », Platini quitte la Juve et prend sa retraite de joueur en juin 1987. Le 1er novembre 1988, il est nommé sélectionneur des Bleus mais l'équipe de France, pourtant qualifiée pour disputer la phase finale de l'Euro, ne brillera pas et sera rapidement éliminée ! Déçu par ces résultats mitigés, Platini abandonne son poste en juillet 1992.

En 1998, il copréside avec Fernand Sastre le comité d'organisation du Mondial, puis devient conseiller de Joseph Blatter, le président de la FIFA. En janvier 2001, Platini est nommé vice-président de la FFF. En avril 2002, il devient membre du comité exécutif de la FIFA et de celui de l'UEFA dont il devient le président, le 26 janvier 2007, après avoir été élu à la majorité absolue au premier tour.

Michel Platini a été élu par le magazine *France Football* footballeur français du siècle, en 1999, et meilleur joueur de toute l'histoire des Bleus, en 2004.

PLONGEON

voir pages suivantes

1. Détente du gardien de but (comme s'il plongeait dans l'eau) pour saisir ou détourner le ballon trop éloigné de sa position.

2. Lorsqu'un joueur simule une chute et que la tricherie est évidente, le mot « plongeon » est employé pour qualifier son attitude (sous-entendu, il est tombé volontairement).

POGBA (PAUL)

voir page 166

POINTE

1. Joueur placé en position avancée du terrain, dans la direction du but adverse. Thierry Henry ou David Trezeguet étaient souvent les pointes de l'équipe de France.

2. Frappe du bout du pied. Appelée familièrement « pointu » ou « pointard », cette frappe est considérée comme inefficace car le tireur ne peut diriger précisément le ballon.

GERARD PIQUÉ

FICHE D'IDENTITÉ
Naissance : 2 février 1987, à Barcelone, Espagne
Taille, 1,92 m
Poste : défenseur central

Il est l'un des tout meilleurs défenseurs du monde. Gerard Piqué a tout gagné dans le football grâce à ses saisons avec Manchester United, Barcelone et l'équipe d'Espagne. Pour rendre encore plus fous les envieux, ce fils d'une maman neurologue a eu la bonne idée de fonder une famille avec la chanteuse colombienne superstar Shakira !

Petit, Piqué a été formé à la fameuse école de football du FC Barcelone, la Masia. Et comme son ami Cesc Fàbregas, il est parti à 16 ans en Angleterre. Manque de bol, la paire Rio Ferdinand-Nemanja Vidic commençait à former l'une des charnières les plus performantes en Europe et Piqué a eu du mal à s'imposer. De retour chez lui à Barcelone, il est prêt à tout casser. Sa facilité balle au pied, sa vision du jeu et la rapidité de ses interventions font de lui un titulaire indiscutable en défense centrale où il mêle autorité et élégance. En 2009, Piqué a obtenu avec ses coéquipiers un sextuplé inédit dans l'histoire du football en remportant notamment la Ligue des champions, le championnat d'Espagne et la Coupe du monde des clubs. Il fait partie aussi de l'équipe d'Espagne qui gagne la Coupe du monde en 2010 et le championnat d'Europe en 2012. La classe !

◀ *Dans la Coupe des confédérations, Michael Ballack (pour l'équipe d'Allemagne) surprend le gardien Mexicain (Oswaldo Sánchez) qui ne peut arrêter ce coup franc très puissant malgré un* ***plongeon*** *magnifique.*

PAUL POGBA

FICHE D'IDENTITÉ
Naissance : 15 mars 1993
à Lagny-sur-Marne, France
Taille : 1,91 cm
Poste : milieu
Surnoms : La Pioche, Pogboom

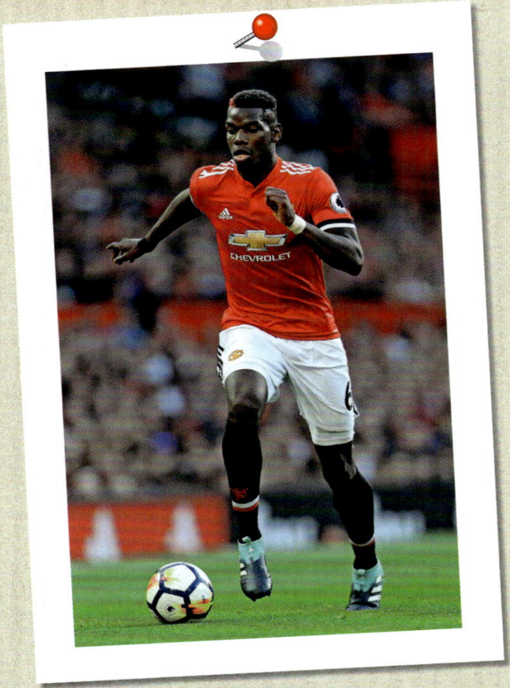

Chez les trois frères Pogba, on a le football et la compétition dans le sang. Paul, le plus jeune, est un élève hyperactif qui n'hésite pas à sécher les cours pour s'entraîner. À 13 ans, il est repéré par les recruteurs du Havre. Son physique déjà impressionnant et sa soif de gagner en font un talent précoce. À 15 ans, il est déjà capitaine de l'équipe de France junior alors que ses coéquipiers ont deux ans de plus que lui ! L'année suivante, il rejoint Manchester United où il brille chez les jeunes avant d'intégrer l'équipe professionnelle. Mais frustré par son maigre temps de jeu, Pogba se fâche avec son entraîneur, le légendaire Alex Ferguson. Il claque alors la porte, direction l'Italie et la Juventus de Turin. Là-bas, le jeune Français de 19 ans se distingue : ses frappes lointaines, ses qualités techniques et ses coupes de cheveux extravagantes font de lui le chouchou des supporters italiens qui le surnomment « Pogboom ». Celui qui porte désormais le numéro 10 de la « Juve », comme Michel Platini avant lui, remporte quatre fois de suite le championnat italien avec son club et dispute la finale de la Ligue des champions en 2015. Mais il n'oublie pas de se distinguer aussi en équipe de France avec laquelle il participe au Mondial 2014 et à l'Euro 2016. Considéré comme l'un des meilleurs milieux de terrain de la planète, Pogba est rappelé par Manchester United qui signe un chèque de 105 millions d'euros. En rejoignant son ancien club, Pogba devient en 2016 le joueur le plus cher de l'histoire… avant qu'un certain Neymar ne débarque au PSG un an plus tard.

PONT
(VOIR DRIBBLE)

PORTER (LE BALLON)

Avancer sur le terrain en gardant le ballon au pied. On parle alors du joueur « porteur du ballon ».

POSSESSION
(DE BALLE)

Des statistiques sont faites pour calculer combien de temps chaque équipe est en possession de la balle. Elles se calculent en pourcentage (par exemple : 56 % du temps de jeu pour l'une et 44 % pour l'autre).

POSTES
(VOIR AUSSI LIBÉRO, MILIEU, STOPPEUR)

Position d'un joueur sur le terrain.

Les postes sont attribués aux joueurs en fonction de leurs aptitudes physiques et sportives. Chaque poste est important, mais certains sont réellement déterminants.

– **Avant-centre :** c'est le joueur qui se place au centre de l'attaque. On place généralement à ce poste des footballeurs ayant des grandes qualités de buteur.

▲
La lutte pour la ***possession de balle*** *est quelquefois si intense que les coéquipiers, entre eux, se mettent dans des situations périlleuses.*

◀ *Robert Lewandowski subit le* ***pressing*** *de trois adversaires mais il semble avoir pris le dessus pour l'instant.*

– **Attaquant :** également nommé « avant », l'attaquant a pour rôle d'animer le jeu et d'avancer le plus possible dans le camp adverse pour y marquer des buts.
Tous les joueurs d'attaque sont nommés les « avants ».

– **Défenseur :** joueur chargé de faire barrage aux attaques des adversaires (voir Défense).

À NOTER : selon les tactiques mises en place et la façon dont se déroule le match, l'entraîneur pourra, par exemple, choisir de mettre sur le terrain plus d'attaquants que de défenseurs, ou vice versa.

●POULE (PHASE DE)

Phase qualificative au cours de laquelle chaque équipe engagée dans une compétition rencontre successivement les équipes adverses. Les matches suivants se poursuivent par élimination directe.
La phase finale de Coupe du monde, notamment, se joue d'abord par huit poules de quatre équipes.

●PRESSING

Manière de jouer consistant à harceler l'équipe adverse dès lors que l'on a perdu le ballon, afin de le récupérer au plus vite.

ATTENTION : le fait de se précipiter à la reconquête du ballon peut amener une équipe à se faire prendre en contre.
Un pressing trop appuyé peut également être épuisant pour les joueurs qui l'exercent.

●PROFONDEUR (EN)

On parle d' « ouverture en profondeur » lorsque l'on fait une passe à l'un de ses coéquipiers situé loin de soi, dans la partie adverse du terrain.

PROLONGATION
(VOIR AUSSI BUT)

Pour les matches par élimination directe (c'est-à-dire ceux pour lesquels un vainqueur doit impérativement être désigné), lorsqu'au terme réglementaire des 90 minutes les deux équipes sont toujours à égalité, la rencontre est prolongée de 30 minutes.
Cette prolongation est découpée en deux périodes de 15 minutes chacune. Si le score est toujours à égalité à l'issue de cette période, on a recours à la séance de tirs au but.

PROLONGATIONS
(VOIR ARRÊT DE JEU)

PROTÈGE-TIBIA

Plaques de plastique relativement souples mais non molles, munies de scratches, qui se placent sous la chaussette entre le genou et le pied. Ils servent à protéger les tibias des chocs éventuels.
Désormais obligatoires sur le terrain, les protège-tibias font partie de l'équipement de base du footballeur.
Leur invention n'est cependant pas récente puisqu'ils ont été créés par un Anglais, Sam Weller Widdowson, en 1874 !

PUSKÁS (FERENC)

Joueur hongrois, né le 2 avril 1927, à Budapest (Hongrie), mort le 17 novembre 2006 à Budapest. Attaquant.

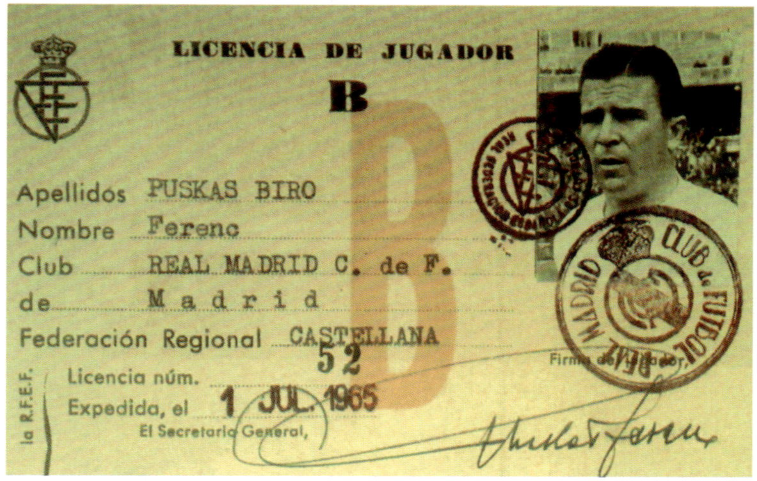
LICENCIA DE JUGADOR
B
Apellidos PUSKAS BIRO
Nombre Ferenc
Club REAL MADRID C. de F.
de Madrid
Federación Regional CASTELLANA
la R.F.E.F.
Licencia núm. 52
Expedida, el 1 JUL. 1965
El Secretario General,
Firma del jugador

▲ *Fac-similé de la dernière licence de **Ferenc Puskás** au Real Madrid, en 1965.*

Dès son plus jeune âge, Ferenc Puskás entre au club Kispest dont son père est l'entraîneur. À tout juste 16 ans, il intègre le Budapest Honved où il restera jusqu'en 1956. Entre-temps, il est sélectionné en équipe nationale avec laquelle il remporte le titre de champion olympique à Helsinki, en 1952.
En 1954, blessé lors du premier tour de Coupe du monde à Berne, il jouera la finale perdue 3 à 2 face à la République fédérale d'Allemagne.

Sous le régime communiste, les footballeurs font partie de l'armée, Puskas y est surnommé « le major galopant ».
En 1956, alors que le peuple hongrois se révolte contre le pouvoir en place, Puskás, disputant avec son équipe de Honved une huitième de finale de la Coupe d'Europe à Bilbao, refuse de regagner son pays ; il est suspendu par la FIFA pour une période de deux ans.
Poussé par Santiago Bernabeu, président du Real Madrid, Puskás entre au Real au service duquel il mettra ses formidables talents d'attaquant (il marque notamment quatre des sept buts lors de la finale de la Coupe d'Europe des clubs champions de 1960).
Il poursuit sa carrière en Espagne, puis part à Vancouver (Canada) en 1966, mais arrête rapidement le football.
De retour en Europe en 1970, il devient entraîneur du Panathinaïkos d'Athènes, et amène le célèbre club grec en finale de la Coupe des champions un an plus tard.
En 1999, il est désigné footballeur européen du siècle par *L'Équipe Magazine*.
Souffrant depuis plusieurs années de la maladie d'Alzheimer, il était retourné finir ses jours dans son pays natal où il eut droit à des funérailles nationales.

SERGIO RAMOS

FICHE D'IDENTITÉ
Naissance : 30 mars 1986
à Camas, Espagne
Taille : 1,83 m
Poste : défenseur central

Un défenseur qui marque près d'une centaine de buts dans sa carrière, ce n'est pas banal et c'est même un record. Ce talent de buteur exceptionnel, Sergio Ramos l'a sans doute acquis quand il était jeune attaquant avant de changer de poste pour devenir le meilleur défenseur central du monde. Capitaine du Real Madrid et de l'équipe d'Espagne, il est l'un des onze joueurs qui a remporté successivement l'Euro 2008 et 2012, et la Coupe du monde 2010, un exploit inédit dans l'histoire du foot. Le secret de son succès et de sa longévité ? Sergio Ramos ne lâche rien, jamais. Grâce à son incroyable volonté, il est même devenu le spécialiste du but de la tête à la dernière minute, voire à la dernière seconde comme lors de la finale de la Ligue des champions en 2014. Grâce à son geste miraculeux dans les arrêts de jeu, alors que tout semble perdu pour son équipe, il permet au Real d'accrocher la prolongation face à l'Atletico Madrid et de remporter la victoire 4 buts à 1. Ce soir-là, le Real remporte sa dixième Ligue des champions, du jamais vu. Joueur ultra-offensif, Ramos est aussi célèbre pour ses interventions musclées devant son propre but et ses coups de sang. Le bouillant Andalou détient ainsi le record d'expulsions du championnat espagnol et collectionne les cartons : 21 rouges et plus de 200 jaunes à ce jour ! Ce mauvais caractère ne l'empêche pas d'être l'idole des supporters espagnols qui sont prêts à tout lui pardonner.

RAMOS (SERGIO)

voir page précédente

RÂTEAU

1. Dribble consistant à ramener la balle vers soi à la manière d'une feuille que l'on ramasserait avec un râteau.

2. On dit d'une équipe qu'elle « prend un râteau » lorsqu'elle subit une défaite ou rate un match alors que les pronostics faisaient plutôt d'elle la favorite.

RECORDS

– Le plus grand nombre de victoires en Coupe d'Europe (désormais Ligue des champions) revient au Real Madrid, avec neuf trophées.
– L'Italie est le seul pays à avoir remporté tous les titres européens la même année (1990).
– Le meilleur buteur parmi les gardiens en sélection nationale est le Paraguayen José Luis Chilavert avec huit buts. En effet, il se chargeait de tirer les penalties et les coups francs proches de la surface de réparation adverse.
– Le record de matches gagnés « à la maison » est détenu par le Real Madrid avec 122 rencontres de suite remportées au stade Santiago Bernabéu entre 1957 et 1965.
Durant la Coupe du monde :
– Record du nombre de participations : 17 (Brésil).
– Record du nombre de victoires : 5 (Brésil).
– Record du nombre de buts : 13 (Just Fontaine, 1958).
– Record du nombre de spectateurs pour un match : 183 341, dans le stade Maracaña, au Brésil, lors de la rencontre qualificative Brésil-Paraguay, en 1950.
– Buts les plus rapides : ils furent marqués par le Français Bernard Lacombe, en Argentine, le 2 juin 1978, 37 secondes après le début de la rencontre, et par le Turc Hakan Şükür qui marqua 11 secondes après le début de la rencontre face à la Corée du Sud lors du Mondial 2002.
– Le plus jeune joueur à avoir participé à cette compétition est l'Irlandais du Nord Norman Whiteside qui, le 17 juin 1982, avait tout juste 17 ans.
– Le record de participations (5) est détenu par l'Allemand Lothar Matthäus.

REMPLAÇANT

Joueur assis sur le banc de touche qui peut, à tout moment, prendre la place de l'un de ses coéquipiers. Le nom des remplaçants potentiels (entre trois et sept) doit être inscrit sur la feuille de match, document officiel remis à l'arbitre avant le début de la rencontre et vérifié par les deux capitaines des équipes. La première fois qu'un joueur a été autorisé à remplacer l'un de ses coéquipiers c'est en 1933, lors d'un match amical France-Espagne, mais la pratique a mis plus de vingt ans à se généraliser et à être autorisée dans certaines compétitions uniquement. Désormais, un entraîneur peut opérer trois remplacements durant le match (trois joueurs ou deux joueurs et le gardien).

À SAVOIR : un entraîneur peut choisir de remplacer un joueur parce qu'il s'est blessé ou simplement pour mettre en place une autre tactique de jeu.

RENARD DES SURFACES

Surnom donné aux attaquants à l'affût et bien placés dans la surface de réparation pour marquer un but. Ce surnom était notamment celui de l'Allemand Gerd Müller, coéquipier de Franz Beckenbauer.

Une magnifique ***reprise de volée*** *de Zlatan Ibrahimović. Marquer un but en réalisant ce geste procure un plaisir plus intense encore, car on en réussit très peu dans une carrière.* ▼

Au grand regret des journalistes brésiliens, **Ronaldinho** n'a pas fait partie des joueurs sélectionnés pour la Coupe du monde 2010.

RENVERSER (LE JEU)

Amener l'action (généralement par une longue passe transversale) de l'autre côté du terrain que celui où elle était en train de se dérouler pour surprendre les joueurs de l'équipe adverse qui auraient eu le tort de se regrouper d'un seul côté.

REPRISE DE VOLÉE

Frappe du ballon sans contrôle alors qu'il est en l'air. Si le geste est précis, le but est spectaculaire. La « demi-volée » s'effectue juste après un rebond du ballon.

RIBÉRY (FRANK)

voir page 176

ROBBEN (ARJEN)

voir page 177

RONALDINHO

« J'adorais dribbler. J'ai appris dans mon salon contre les meubles et entre les chaises, ou dans le jardin contre mon chien. C'est ce que je faisais pour m'entraîner. »

Ronaldinho

Ronaldo de Assis Moreira, dit Ronaldinho, joueur brésilien né le 21 mars 1980 à Porto Alegre (Brésil). Milieu de terrain, attaquant.

Le petit Ronaldinho passe une enfance très pauvre dans une favela, son père meurt alors qu'il n'a que 8 ans. Il montre très vite des aptitudes au football hors du commun. Déjà champion du monde de la sélection brésilienne des moins de 17 ans, il refuse la proposition du PSV Eindhoven pour rester au Gremio Porto Alegre, club au sein duquel il évolue de 1997 à 2000.
En 2001 Ronaldinho signe au Paris Saint-Germain où il reste jusqu'en 2003. Entre-temps, il devient champion du monde 2002 avec la Seleçao. Ses exceptionnelles qualités de dribbleur attisent les convoitises des grands clubs internationaux. Les faveurs de Ronaldinho vont vers le FC Barcelone avec lequel il signe, en juillet 2003, un contrat de cinq ans. Avec le club, il remporte deux Coupes de Catalogne (2003, 2004), deux championnats d'Espagne (2004, 2005), une Supercoupe d'Espagne (2005) et la Coupe des confédérations (2005). Élu meilleur joueur de la FIFA en 2004, il remporte l'année suivante le Ballon d'or ainsi que le Soulier d'or et est élu joueur de l'année 2005 par la FIFPro (le syndicat des joueurs professionnels). Son talent, sa bonne humeur et son sourire ont fait de Ronaldinho l'un des joueurs les plus populaires de l'histoire du ballon rond.

●RONALDO

Luís Nazário de Lima, dit Ronaldo, joueur brésilien, né le 22 septembre 1976, à Bento Ribeiro (Brésil). Attaquant.

Repéré dès son adolescence par les sélectionneurs nationaux brésiliens, il remporte son premier tournoi dans l'équipe des moins de 17 ans en mai 1991.
En 1994, le PSV Eindhoven s'offre ses talents pour plus de 6 millions d'euros, somme très élevée pour un joueur si jeune. Deux ans plus tard, il signe pour Barcelone qui débourse trois fois plus pour le faire venir au Barça... Il est sacré meilleur buteur de la Liga (le championnat espagnol) avec 34 buts. En 1997, l'Inter Milan lui fait alors une grosse proposition financière pour le compter dans ses rangs. Ronaldo accepte et rejoint le club où il passe deux saisons mitigées, mêlant excellents résultats (il reçoit en 1997 le Ballon d'or et le Onze d'or) et blessures au genou à répétition qui l'éloignent des terrains. Après deux opérations chirurgicales et de la rééducation, il retrouve peu à peu la forme, puis, en 2002, il accepte la proposition du Real Madrid et participe notamment à la victoire du club en championnat espagnol. À l'issue de la saison, il reçoit le Ballon

FRANCK RIBÉRY

FICHE D'IDENTITÉ
Naissance : 7 avril 1983,
à Boulogne-sur-Mer, France
Taille : 1,70 m
Poste : milieu offensif
Surnoms : Scarface, Kaiser Franck

LE SAVIEZ-VOUS ?

• Ribéry doit son surnom de Scarface aux cicatrices qu'il porte sur le visage après avoir été victime, à l'âge de 2 ans, d'un accident de voiture. Outre-Rhin, on le surnomme Kaiser Frank en hommage à Franz Beckenbauer, que l'on appelait le Kaiser (l'empereur, en allemand).

Infatigable sur le terrain, c'est sûr ; parfois un peu fatigant pour ses coéquipiers hors des stades tant ses pitreries sont nombreuses, c'est connu ; attachant et talentueux en tout cas, c'est indéniable. Qu'importe si Guingamp le laisse partir alors qu'il a 20 ans, après un mois d'essai que le club ne juge pas concluant. Après Brest, puis Metz, c'est le club turc de Galatasaray qui l'accueille en 2005.

Il rejoint cependant la France quelques mois plus tard et le mythique Olympique de Marseille ; c'est là que son talent explose. Sa marque de fabrique : enchaîner les buts et les dribbles fantastiques qui déstabilisent n'importe quelle défense. Aussi à l'aise dans l'axe que le long de la ligne de touche, il élimine tous ses adversaires comme si l'espace se libérait au fur et à mesure de sa progression. Outre ses qualités d'attaque, Ribéry est capable d'être un parfait meneur de jeu, tellement son analyse est rapide. Empêtré dans une affaire de mœurs et victime de blessures, la star du Bayern Munich perd un peu de son aura, mais rebondit et retrouve de sa superbe. En 2013 Ribery remporte la Ligue des champions avec le Bayern Munich au cours d'une saison fabuleuse. Mais l'année suivante, malheureusement, une nouvelle blessure au dos le prive du Mondial 2014 avec l'équipe de France. Déçu, il annonce la fin de sa carrière internationale.

ARJEN ROBBEN

FICHE D'IDENTITÉ
Naissance : 23 janvier 1984, à Bedum, Pays-Bas
Taille : 1,80 m
Poste : milieu offensif ou ailier
Surnoms : Robbie, Arjen Magic

Arjen Robben a de l'or au bout des pieds. Repéré dans les clubs de sa région natale, il est très vite engagé par les dirigeants des grands clubs nationaux, le FC Groningue (1999-2002), puis le PSV Eindhoven (2002-2004), qui sentent en lui le potentiel d'un dribbleur exceptionnel. Il est vrai que même s'il préfère évoluer à gauche du terrain, il est aussi à l'aise à sa droite, et ne perd jamais une balle, même le long de la ligne. Ses accélérations et sa vitesse sont des atouts indéniables. Les clubs se l'arrachent mais c'est Chelsea qui remporte la mise, en 2004, après un chèque de 18 millions d'euros. Trois ans plus tard, et après deux titres de champion d'Angleterre, c'est la consécration avec son arrivée au Real Madrid pour la somme de 36 millions d'euros. En 2010, il intègre le Bayern Munich. Arjen a pourtant un point faible, sa résistance physique qui fait parfois défaut. Il enchaîne ainsi des blessures qui lui font manquer de nombreuses rencontres. En revanche, lorsqu'il est présent, il fait vraiment ce qu'il veut avec le ballon. Il a malgré tout manqué de chance au cours de la saison 2010 en perdant la finale de la Ligue des champions, avec le Bayern, et la finale de la Coupe du monde, avec l'équipe des Pays-Bas. La série noire continue avec la non-qualification des Pays-Bas pour l'Euro 2016 et le Mondial 2018. Victime de blessures à répétition, Robben se retire de la scène internationale en 2017.

LE SAVIEZ-VOUS ?

- L'agent d'Arjen Robben est son propre père.
- Arjen est aussi un excellent joueur d'échecs.
- Avec le Bayern, il a remporté la Ligue des champions en 2013 et il est champion d'Allemagne en 2010, 2013, 2014 et 2015.

▶▶
Lilian Thuram semble stupéfait par la trajectoire de Fabien Barthez après son carambolage avec ***Ronaldo.*** *Ni l'un ni l'autre n'ont pourtant été blessés cette fois-ci.*

d'or et le Onze d'or, et remporte la Coupe du monde avec la Seleçao. Il continue sur sa lancée les deux saisons suivantes, mais une notable prise de poids rend ses attaques moins fulgurantes et surtout moins efficaces ! Il sera d'ailleurs presque inexistant lors de la Coupe du monde 2006…
En 2007, le divorce avec Madrid et le public espagnol (de plus en plus critique) est consommé. Ronaldo signe avec le Milan AC, l'ennemi juré de son ancien club italien. Il y retrouve progressivement la forme mais se blesse à nouveau à la cuisse puis au genou en 2008. Ce sera finalement un retour au pays début 2009, en Coupe du Brésil qu'il remporte avec les Corinthians. Avec son nouveau club il gagne encore le championnat de l'État de São Paulo mais annonce sa retraite pour 2011.

●RONALDO (CRISTIANO)

voir page 180

●ROONEY (WAYNE)

voir page 181

◀
Intervenant à la télévision depuis quelques années, commentant les matches et utilisant sa longue expérience, ***Guy Roux*** *« fait passer » un message de bon sens souvent teinté d'humour bonhomme.*

●ROUX (GUY)

Entraîneur français, né le 18 octobre 1938, à Colmar (Haut-Rhin).

Guy Roux naît en Alsace mais s'installe en Bourgogne avec sa famille durant la Seconde Guerre mondiale. Il fait ses premières armes en tant que joueur à l'AJ Auxerre, club dont il devient l'entraîneur en 1961 et auquel il restera fidèle tout au long de sa carrière (battant ainsi tous les records de longévité au sein du foot français de haut niveau avec près de 900 matches passés au poste d'entraîneur !). Au fil des ans, Guy Roux amène son club de la division d'honneur au meilleur niveau national et forme à son école quelques-uns des plus grands joueurs français comme Cantona, Boli, Mexès ou Cissé. Le 22 novembre 1999, il est décoré de la Légion d'honneur. Très connu pour ses talents d'entraîneur, Guy Roux a également joué sur sa réputation d'être très économe pour s'illustrer dans des publicités. En novembre 2001, Guy Roux subit une lourde intervention cardiaque, mais reprend son poste d'entraîneur quelques mois plus tard. Il renonce à ses fonctions le 4 juin 2005, mais reste consultant pour divers médias. En juin 2007, après un très bref passage à Lens, il quitte sa carrière d'entraîneur.

15

CRISTIANO RONALDO

FICHE D'IDENTITÉ
Cristiano Ronaldo dos Santos Aveiro, dit Cristiano Ronaldo.
Naissance : 5 février 1985, à Funchal, sur l'île de Madère, Portugal – Taille : 1,84 m
Poste : milieu offensif, attaquant

LE SAVIEZ-VOUS ?

- Ses parents l'ont prénommé Ronaldo en hommage au président américain Ronald Reagan.
- Au Real, il porte le numéro 9, flocké du nom Ronaldo : exactement le même maillot que celui de son illustre prédécesseur brésilien.
- Pour assurer sa sécurité, Ronaldo ne se déplace jamais sans sept gardes du corps.

Être un jeune prodige du football ne présente pas que des avantages. Lorsqu'il doit quitter ses parents à 11 ans pour intégrer le Sporting Club du Portugal, le petit Ronaldo met de nombreuses semaines à s'acclimater à cette nouvelle vie, loin de sa famille. C'est sans doute le cas de tous les adolescents passés par les centres de formation, mais cette rude école laisse aussi de bons souvenirs et, surtout, forge aussi bien le caractère que le physique. Ronaldo est aujourd'hui une forteresse imprenable dès qu'il a le ballon dans les pieds. De dribbles de folie en changements de direction improbables, il laisse tout le monde sur place et peut, à tout moment, même de très loin, frapper soit du pied droit, soit du pied gauche pour feinter le gardien. Il ne faut pas pour autant croire qu'il n'est bon que dans la course. Son jeu de tête est tout aussi redoutable, et il est certainement l'un des meilleurs tireurs de coups francs du monde. C'est sûrement pour toutes ces raisons que le Real a offert 94 millions d'euros à Manchester United en 2009 pour attirer dans ses filets le Ballon d'or 2008. C'était l'une de ses nombreuses récompenses qu'il a complétées depuis avec le Ballon d'or 2013 et, tant qu'à faire, ceux de 2014, de 2016, de 2017. Il est aujourd'hui le sportif le mieux payé au monde grâce à ses contrats publicitaires et il a même un aéroport à son nom : celui de sa ville natale sur l'île de Madère.

WAYNE ROONEY

FICHE D'IDENTITÉ
Naissance : 24 octobre 1985, à Liverpool, Royaume-Uni
Taille : 1,81 m
Poste : attaquant
Surnom : Pitbull

Les pays ne choisissent jamais par hasard l'emblème de leur équipe nationale ; les Anglais devaient donc forcément savoir qu'un jour, Wayne Rooney arborerait fièrement les trois lions qui ornent leur maillot !

En effet, si un joueur possède toutes les qualités de force et de courage de cet animal emblématique, c'est bien lui ! Quant à la férocité et à la rage de gagner, il les a non seulement acquises dans la banlieue défavorisée de Liverpool où il a grandi, mais surtout au sein de sa famille, où les hommes étaient plutôt fans de boxe. Et même si Wayne Rooney fait tout naturellement ses armes sur les rings, il préfère rapidement se tourner vers le football, sa véritable passion.

Dès 2004, il signe à Manchester United, l'un des plus grands clubs du monde.

Lors de son premier match officiel pour les Red Devils, il marque un triplé à Old Trafford – le stade mythique de Manchester United – et met du même coup tous les fans du club dans sa poche.

Prendre des coups… et en donner, ça forge le caractère, et ce « bad boy » ne lâche pas le moindre morceau de terrain à ses adversaires. Il a même la fâcheuse tendance à les envoyer régulièrement valser après quelques tacles bien sentis.

LE SAVIEZ-VOUS ?

• L'entraîneur qui suivait Wayne Rooney alors qu'il n'avait que 8 ans avait prédit qu'il entrerait en équipe nationale avant de fêter ses 18 ans – ce qu'aucun joueur n'avait réussi jusqu'alors ; il avait vu juste puisque Rooney a intégré l'équipe d'Angleterre à 16 ans et 360 jours !

SIMULATION

Attitude négative consistant à faire semblant d'avoir été accroché ou d'avoir reçu un coup d'un adversaire et tomber pour bénéficier d'un coup franc ou d'un penalty. C'est de la tricherie et l'arbitre sanctionne ce geste s'il s'en rend compte.

SORTIE DE BUT

Franchissement de la ligne de but par le ballon. Cette sortie de but est généralement consécutive à un tir non cadré d'un attaquant adverse ou à un centre mal ajusté. Le coup de pied de but, remise en jeu effectuée après cette sortie, peut être exécuté par le gardien de but ou un défenseur. Le ballon doit alors impérativement franchir la surface de réparation avant d'être joué.

SOUTIEN

Aide apportée à un joueur possédant le ballon par l'un de ses coéquipiers. Celui-ci se place de manière à être en mesure de recevoir une passe et ainsi permettre à son équipe de conserver le ballon.

SPONSOR

Le sponsor d'une équipe est une entreprise (ou une personne)

S

qui donne de l'argent au club. En contrepartie, l'équipe s'engage à représenter l'entreprise (ou la personne) en portant sa marque sur ses vêtements ou ses chaussures. Plus l'équipe est importante, plus elle a de chances d'avoir des propositions d'argent. En effet, grâce à ses bons résultats, elle peut s'offrir les services de joueurs vedettes dont la notoriété amènera encore plus de contrats publicitaires. Sponsor est un mot anglais qui signifie « parrain ». Ces parrainages se sont développés à la fin des années 1960, parallèlement à (et sans doute en raison de !) la médiatisation croissante du football. À titre d'exemple, le revenu rapporté par les sponsors à la Fédération française de football s'élève à environ 40 % de son budget global.

STADE

L'histoire et la pratique du football ne peuvent bien sûr être dissociées des lieux où se déroulent les rencontres : les stades. Des plus modestes aux plus mythiques, ils se présentent cependant toujours plus ou moins selon la même disposition : une pelouse centrale entourée de tribunes ou de gradins.Les plus grands stades possèdent généralement des places réservées pour les dirigeants et les personnalités : on les appelle les tribunes « présidentielle » et « officielle » ; on trouve également une tribune « de presse » pour les journalistes, ainsi que des endroits spécialement conçus pour accueillir les caméras qui filmeront le match.
On trouve aussi sur le stade un grand panneau lumineux sur lequel on inscrit le score des deux équipes. On peut aussi y lire parfois le décompte des minutes de jeu. Le pourtour du terrain sert quant à lui à afficher les publicités des différents sponsors, ce qui procure aux stades un apport financier non négligeable dans leur budget. De nombreux matches se déroulant la nuit, les stades possèdent également des systèmes d'éclairage très puissants qui permettent une parfaite vision du jeu.
Parmi les plus grands stades du monde, on peut citer Maracaña de Rio, le Morumbi de São Paulo et le stade de la Luz du Benfica, à Lisbonne (120 000 places) ; l'Aztèque de Mexico (115 000 places) ; le Nou Camp de Barcelone (112 000 pla-ces) ; le Santiago-Bernabéu du Real Madrid (107 000 places) ; le stade de Kiev et le Rose Bowl de Pasadena (100 000 places) ; le stade Wembley
de Londres (88 000 places) ou le stade San Siro de Milan (85 000 pla-ces). Le stade de France arrive

▲ *Le nom du **sponsor** apparaît sur le maillot de l'équipe qu'il finance. Pour le FC Barcelone la démarche est inverse : il offre la place réservée habituellement au **sponsor** sur le maillot de ses joueurs à un organisme humanitaire.*

adidas
FUJIFILM
SNICKERS
JVC
Canon
PHILIPS
OPEL

après tous ces grands (81 000 places).

À SAVOIR : les grands clubs professionnels réservent des places à l'année pour leurs abonnés qui ne manqueraient un match pour rien au monde !

STADE DE FRANCE

Quelques chiffres :
Débuté le 2 mai 1995, le chantier a demandé trente et un mois de travail acharné afin d'être prêt à temps pour la Coupe du monde 1998.
La construction du stade a nécessité le terrassement de 800 000 m^3 de matériaux, et impliqué l'emploi de 180 000 m^3 de béton, et de 32 000 tonnes d'acier. La pelouse de 9 000 m^2 est entourée de gradins. La hauteur totale du stade est de 35 mètres (46 mètres par rapport au sol). Il peut recevoir sous ses 6 hectares de toit plus de 80 000 spectateurs. Ces derniers peuvent également suivre les rencontres sur deux écrans géants de 120 m^2 (soit les trois quarts de la surface d'un terrain de tennis…).
La sono est assurée par 36 blocs d'enceintes (soit 250 000 watts).
Ses 454 projecteurs font de lui le stade le plus lumineux d'Europe.
Sa réalisation aura coûté un peu plus de 350 millions d'euros.

◄◄ *Inauguré en janvier 1998, le* ***Stade de France*** *est le plus grand stade français. Il se trouve en région parisienne, à Saint-Denis. Hormis les matches de football prestigieux, le stade accueille également des spectacles et des concerts.*

STOPPEUR

Défenseur central ayant pour mission de surveiller les attaques de l'avant-centre adverse. Selon la stratégie mise en place par l'entraîneur, on peut trouver sur le terrain un stoppeur couvert par un libéro ou deux stoppeurs se couvrant mutuellement.

SUÁREZ (LUIS)

voir page ci-contre

SUPPORTER

voir pages suivantes

Personne qui soutient une équipe, seule ou en groupe très organisé.
– Un supporter peut être très discret… ou plus voyant, surtout lorsqu'il arbore des tenues bariolées aux couleurs de son équipe. Ces mises en scène prennent notamment toute leur ampleur lors des grandes rencontres internationales au cours desquelles – pour se différencier les uns des autres – les supporters n'hésitent pas à se peindre le visage aux couleurs de leur équipe et à porter les perruques ou les chapeaux les plus extravagants !
– Un supporter peut être très calme… ou plus violent, car le football est un sport qui déchaîne les passions ! On assiste donc par-

LUIS SUÁREZ

FICHE D'IDENTITÉ
Naissance : 24 janvier 1987, à Salto, Uruguay
Taille : 1,81 m
Poste : attaquant
Surnom : El Pistolero

L'Amérique latine est l'un des continents où le foot est le sport roi. C'est donc tout naturellement que le petit Luis Suárez commence à taper dans le ballon comme la plupart de ses camarades, le talent en plus… Dès 14 ans, il joue dans l'équipe des jeunes du Nacional, à Montevideo, mais il y est sommé de canaliser son goût prononcé pour la fête et les excès…
En 2005, il débute au Nacional comme professionnel et enchaîne les buts (10 en 27 matches). Un an plus tard, il part pour les Pays-Bas, au FC Groningue puis, en 2007, rejoint l'Ajax d'Amsterdam. Lors de la saison 2007-2008, Suárez marque la bagatelle de 17 buts en 33 matches de championnat !
Si ses talents de buteur sont irréprochables, il n'en est pas de même pour son comportement, tant sur le terrain que dans les vestiaires, et ses réactions impulsives lui valent de nombreuses sanctions. Ces travers sont cependant largement compensés par ses immenses qualités d'attaquant et les buts qu'il empile tant pour son pays qu'en championnat (111 buts sur 159 rencontres sous les couleurs de l'Ajax).
Le championnat d'Angleterre ne pouvait pas laisser passer un tel potentiel ! En 2010, le Liverpool FC s'offre Suárez pour 26,5 millions d'euros. Avec l'aide de son nouveau talisman, le club gagne la League Cup. Suárez fait désormais partie des meilleurs buteurs du championnat d'Angleterre.
Il rejoint pourtant Barcelone en 2014 et rafle aussitôt des trophées, comme celui de la Ligue des champions, dès sa première saison.
« El Pistolero » est également le meilleur buteur de l'histoire de l'équipe d'Uruguay.

*En Argentine, pour un match de derby entre River Plate et Bocca Juniors, les **supporters** s'en donnent à cœur joie dans les gradins. Ils fêtent la victoire de River Plate sur Boca Juniors : 2-0.*

fois à des rencontres qui donnent lieu à de véritables batailles rangées entre les supporters des différentes équipes. Certains membres de groupes extrémistes vont même jusqu'à proférer des insultes racistes et se rendent dans les stades pour le plaisir d'en découdre avec ceux qu'ils considèrent comme leurs ennemis. Ces hooligans trouvent leurs racines en Angleterre, le pays d'origine du football. Ce dernier a néanmoins réussi à enrayer leur progression et les actes de violence et d'incivilité dans les stades sont de moins en moins nombreux.
Reste à espérer qu'il en sera de même dans les pays latins comme la France ou l'Italie où le phénomène reste problématique.

40,32 m de large et 16,50 m de profondeur sur le terrain, la ***surface de réparation*** *est indiquée par des rayures jaunes sur le dessin.* ▼

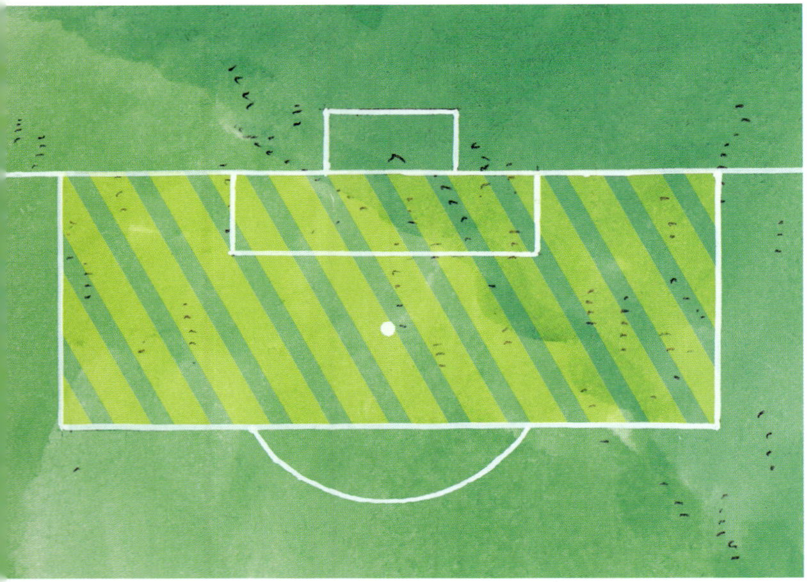

Heureusement, une immense majorité de matches se déroule sans agressivité, dans une ambiance très festive, à la plus grande joie des supporters !

SURFACE DE RÉPARATION

C'est la surface autour du but où le gardien a le droit de toucher le ballon avec la main.
C'est également la zone dans laquelle une faute intentionnelle commise par un défenseur sur un attaquant adverse est sanctionnée par un penalty.

SURNOM (DES ÉQUIPES NATIONALES)

Les équipes nationales portent souvent un surnom. Si la plupart du temps celui-ci fait référence à la couleur du maillot (les Bleus), il est parfois plus original, notamment en Afrique où il est généralement associé à un animal. Voici donc une sélection des surnoms les plus connus… ou les plus insolites.
– Les *Three Lions* (les « trois lions »), Angleterre.
– *Les Bleus,* France.
– *Les Diables rouges,* Belgique.
– *La Furia Roja* (la « furie rouge »), Espagne.

– *La Squadra Azzura* (l'« équipe bleu clair »), Italie.
– *Les Bafana Bafana,* Afrique du Sud.
– *Les Lions indomptables,* Cameroun.
– *Les Super Eagles* (les « aigles formidables »), Nigeria.
– *Les Lions de la Teranga,* Sénégal.
– *Les Aigles de Carthage,* Tunisie.
– *La Seleçao* (la « sélection »), Brésil.
– *Les Spice Boys* (les « garçons épicés »), Costa Rica.
– *Les Reggae Boyz* (les « garçons du reggae »), Jamaïque.
– *Les Soca Warriors* (les « guerriers soca » – style de musique de l'île), Trinité-et-Tobago.
– *Les Socceroos* (contraction entre soccer [foot] et kangooroos [kangourous]), Australie.
– *Les All Whites* (« tout en blanc », en opposition aux rugbymen, *les All Blacks,* « tout en noir »), Nouvelle-Zélande.

TABLEAU

1. Liste des équipes participant à une compétition. Le « tableau final » désigne notamment les dernières équipes qualifiées.
2. Par extension, le tableau indique également le classement des équipes. Le « haut du tableau » désigne ainsi les équipes ayant obtenu les meilleurs résultats. On parle aussi du « milieu du tableau » (ou ventre mou) et du « bas du tableau ».
3. Le « tableau noir » est quant à lui le « tableau » sur lequel l'entraîneur expose ses tactiques de jeu. On parle alors de « séance de tableau noir ». Par extension, le tableau noir signifie aussi « théorie » et « tactique ».

▲ *L'équipe du Nigeria porte le* ***surnom*** *de Super Eagles. C'est sous ces couleurs qu'Obafemi Martins a marqué 18 buts en 39 sélections.*

t

Pour être correct, le ***tacle*** *glissé doit se jouer de face ou de côté, comme celui de Patrick Vieira qui contre le Portugais Deco grâce à un grand écart de toute beauté.*

TACLE

Geste consistant à enlever le ballon des pieds d'un adversaire au cours d'un dribble ou d'un contrôle.
Pour effectuer ce geste, le joueur peut contrer avec l'intérieur du pied, en se tenant debout, ou, en glissant sur le sol, jouer le ballon avec un ou deux pieds, à condition

toutefois que ceux-ci restent en contact avec le sol.
Le plus difficile dans la pratique du tacle est de le réaliser sans commettre de faute ! Il doit en effet être porté de côté ou de face, mais jamais par-derrière (car il pourrait se révéler dangereux), sous peine de carton rouge !

TACTIQUE

Avant d'étudier les différentes tactiques de jeu, il faut savoir que :
– chaque joueur n'est en possession du ballon qu'environ 90 secondes en moyenne par match. Son placement et son jeu sans le ballon sont donc déterminants et

donnent toute son importance au choix stratégique mis en place par l'entraîneur ;
– la tactique proposée doit tenir compte des qualités (et des faiblesses) de chaque joueur. En effet, le foot est un jeu collectif dans lequel l'équilibre des forces et la complémentarité des talents sont nécessaires.
Chaque poste a besoin de qualités spécifiques.
– Il faut un gardien de but souple et athlétique à la fois, aux sorties déterminantes sur les balles aériennes et avec des prises de balle rassurantes pour sa défense. Il doit aussi avoir de bons réflexes sur sa ligne de but, un jeu au pied assuré pour les dégagements et les passes en retrait de ses partenaires, sans oublier des capacités de commandement pour bien placer sa défense.
– La ligne défensive aux joueurs doit allier le courage, la combativité et un bon jeu de tête. Elle doit aussi faire preuve d'un bon sens du placement et de l'interception, de vitesse et du sens du sacrifice. Il faut aussi qu'elle soit calme et intelligente pour effectuer de bonnes relances et piéger l'attaque adversaire en le mettant hors jeu.
– Trait d'union entre la défense et l'attaque, le milieu de terrain doit avoir autant d'atouts défensifs qu'offensifs.
Certains joueurs, accrocheurs et endurants, sont les « poumons » de l'équipe et ont pour mission d'empêcher le jeu adverse de se développer et de récupérer le ballon. D'autres, rapides, bons dribbleurs et bons stratèges, ont pour objectif de transmettre dans les meilleures conditions des munitions à leur attaque tout en participant activement à l'offensive.
– Les attaquants doivent être pourvus d'un coup de reins les rendant très rapides sur quelques mètres, d'un bon jeu de tête et d'un excellent sens du but. Ils doivent être capables d'effacer un dernier défenseur par un dribble astucieux ou d'effectuer un tir puissant.

TALONNADE (VOIR AUSSI MADJER)

C'est une frappe de la balle vers l'arrière, effectuée avec le talon.

TEMPS ADDITIONNEL (VOIR ARRÊT DE JEU)

TERRAIN

Pelouse (naturelle ou en matière synthétique) sur laquelle se déroule le match. Pour les matches internationaux, la FIFA impose que le terrain fasse des dimensions très précises. Ainsi, la longueur minimum doit être de 100 mètres et au maximum de 110 mètres, la largeur doit faire au minimum 64 mètres et pas plus de 75 mètres. Il faut également que les limites soient clairement marquées par des lignes blanches.

TÊTE

Frappe de la balle effectuée avec la tête.
– On parle de « tête plongeante » lorsque la frappe est accompagnée d'un plongeon.
– Un joueur fait une « tête piquée » lorsque la balle se dirige vers le sol après la frappe.

À NOTER : la tête doit être effectuée avec le front et pas le sommet du crâne…

TIR CADRÉ

Tir qui rentrerait dans la cage du gardien s'il n'était pas là pour arrêter la balle. Pour avoir une chance de marquer, la première chose est que le ballon entre dans les limites du cadre du but.

*La **tête** est utilisée pour effectuer des frappes et pour récupérer un dégagement ou une passe longue. Pour se protéger, les joueurs ont pris l'habitude de tendre le coude vers l'adversaire. Il arrive cependant que la protection devienne une agression…* ▶

TIRS AU BUT

Séance de penalties destinée à départager une équipe à égalité à l'issue du temps réglementaire lors des matches à élimination directe. Cinq joueurs de chaque équipe sont choisis pour effectuer ces tirs. La première équipe qui a un but d'avance sur l'autre remporte le match.

En cas d'égalité après cette première série, l'épreuve continue avec un sixième joueur, puis un septième, etc. C'est une épreuve assez pénible pour les deux équipes car un seul tir manqué ou un arrêt du gardien adverse détermine leur sort.

TOSS

C'est le tirage au sort pratiqué au début d'un match.

L'arbitre tient une pièce de monnaie dans une main, chacun des capitaines choisit pile ou face, l'arbitre lance la pièce. L'équipe gagnante peut choisir soit d'engager la première, soit de choisir le côté du terrain sur lequel elle veut évoluer en première mi-temps (Cela peut avoir de l'importance en fonction du soleil ou du vent, par exemple.)

À SAVOIR : un nouveau toss est fait au début des prolongations et avant la séance des tirs au but.

●TOUCHE

1. Une équipe obtient une touche lorsque l'un de ses adversaires a envoyé le ballon de l'autre côté de la ligne de touche, c'est-à-dire en dehors des limites latérales du terrain. Pour remettre la balle en jeu, l'un des joueurs à qui bénéficie la touche se place à l'endroit où est sorti le ballon, au ras de la ligne (sans empiéter sur le terrain), les deux pieds au sol. Il tient alors la balle des deux mains, la place derrière sa tête et la renvoie sur le terrain vers l'un de ses coéquipiers sans entrer lui-même en jeu avant qu'elle ne soit jouée.

On rencontre notamment ce mot dans l'expression « botter en touche » qui signifie taper dans le ballon de manière à l'envoyer en dehors du terrain.

2. La touche désigne la zone située juste en dehors des limites du terrain. C'est là que se regroupent l'entraîneur et les remplaçants durant le match (voir Banc de touche). On emploie aussi ce mot dans plusieurs expressions.

– **« Rester sur la touche » :** ne pas jouer, mais avec le sens d'être délaissé ou négligé par l'entraîneur ;

– **« Rejoindre la touche » :** quitter le terrain, par extension,

◄◄ *Toute l'intensité dramatique de l'épilogue d'un match où les deux équipes n'ont pu se départager. Les acteurs impuissants assistent à l'échec de leur champion. N'appelle-t-on pas cela la « séance » de* ***tirs au but*** *?*

▲ *David Alaba effectue une remise en jeu après une* ***touche.***

mettre un terme à sa carrière.

3. Manière par laquelle on frappe le ballon.

– **« Avoir une bonne touche de balle » :** parfaitement maîtriser ses frappes, faire des passes très précises ;

– On parle aussi de **« touchette »** pour une frappe douce et délicate.

4. Jouer « à une touche de balle ». Expression qualifiant une manière de jouer qui consiste à renvoyer immédiatement le ballon vers un partenaire en ne le touchant qu'une seule fois. Cela rend le jeu très rapide.

●TOUR DE CONTRÔLE

Défenseur, principalement libéro, possédant une parfaite vision du match en toutes circonstances.
Cette expression a notamment été souvent employée pour qualifier Franz Beckenbauer.

●TRANSFERT

Négociation consistant à faire passer un joueur d'un club à un autre.

Cette pratique remonte quasiment aux origines du football, tout comme le fait de rémunérer les joueurs pour les attirer vers un nouveau club !
Dès l'arrivée du professionnalisme, vers les années 1930, les transferts ont cependant été réalisés selon des règles plus strictes, mais les

sommes engagées pour l'achat de joueurs ont évolué en même temps que la popularité du football, c'est-à-dire de manière considérable. Les montants des transactions atteignent aujourd'hui des sommets (parfois plusieurs dizaines de millions d'euros).

– **Marché des transferts** (appelé également *mercato* – mot italien signifiant tout simplement « marché ») : réunion de l'offre et de la demande en ce qui concerne la vente et l'achat des joueurs.

– **Période des transferts :** laps de temps du calendrier durant lequel les différentes équipes peuvent opérer des transferts.

– **Liste des transferts :** noms des joueurs qu'une équipe propose de vendre durant la période des transferts.

● UEFA (Union européenne de football association)

Elle dirige le football européen et veille à son développement.

Créée en 1954, l'UEFA prend un an plus tard la direction de la Coupe d'Europe des clubs champions, puis, en 1960, lance le championnat d'Europe des nations.

Malgré les changements apportés à ces deux compétitions au fil des ans, elles restent les épreuves reines du continent européen.

TU

UZ...

▲ ***Marco Van Basten***

– Rebaptisée en 1991 la « Ligue des champions », la Coupe d'Europe oppose les meilleurs clubs européens. Le vainqueur, sacré champion d'Europe des clubs, peut alors rencontrer le vainqueur de la Coupe UEFA pour jouer la Supercoupe d'Europe, et participer au championnat du monde des clubs organisé par la FIFA.
– Plus communément appelé « Euro », le championnat d'Europe des nations oppose, quant à lui, les meilleures équipes nationales européennes. C'est le projet de la France qui a été retenu pour l'organisation de l'Euro 2016. 24 équipes (au lieu de 16 jusqu'à présent) se disputeront le trophée.

À NOTER : depuis le 26 janvier 2007, l'UEFA est présidée par le Français Michel Platini. À 51 ans, l'ancien numéro 10 des Bleus a succédé au Suédois Lennart Johansson, à la tête de l'association depuis dix-sept ans.

●UNE-DEUX

Action fondamentale qui consiste pour un joueur à passer une balle à un partenaire qui la lui remet instantanément dans sa course. Cette pratique a pour but de déstabiliser les défenseurs de l'équipe adverses.

●VAN BASTEN (MARCO)

Joueur hollandais,
né le 31 octobre 1964 à Utrecht (Pays-Bas). Avant-centre.

Marchant sur les traces de son illustre prédécesseur, Johan Cruyff, Marco Van Basten se fait très tôt remarquer sur les terrains avec l'Ajax d'Amsterdam, son club d'adoption de 1981 à 1987. Il est alors sacré meilleur buteur du championnat en 1984 (28 buts), 1985 (22 buts), 1986 (37 buts) et 1987 (31 buts).
En 1987, il intègre le Milan AC où ses dons d'attaquant lui permettent de multiplier les buts spectaculaires. Il est sacré Ballon d'or en 1988, 1989 et 1992 et enchaîne les victoires avec son club. Malheureusement, le 26 mai 1993, il se blesse gravement à la cheville lors de la finale de la Ligue des champions face à l'OM.

200

RAPHAËL VARANE

L'équipe de France a trouvé un digne successeur à Laurent Blanc en la personne de ce défenseur longiligne et classieux.
Précoce, celui qui fut formé à Lens est devenu capitaine chez les Nordistes à 18 ans avant de s'envoler pour le grand Real Madrid où Zinedine Zidane « *himself* » a fait le forcing pour le récupérer alors que beaucoup de clubs le désiraient.
Né à Lille, Varane est rapide, défend debout et lit le jeu plus vite que ses adversaires. Doté d'une personnalité calme, souriant et sérieux à la fois, il s'impose à Madrid et en équipe de France où il démontre une maturité étonnante et une autorité naturelle, toutes qualités d'une haute importance à ce poste. Le futur lui appartient.

FICHE D'IDENTITÉ
Naissance : 25 avril 1993, à Lille, France
Taille : 1,91 m
Poste : défenseur central

Malgré plusieurs opérations et de longues séances de rééducation, il n'est pas en mesure de reprendre le football à haut niveau et décide de mettre un terme à sa carrière le 17 août 1995.

VARANE (RAPHAËL)

voir page 201

VERROU (VOIR DÉFENSE)

VIEIRA (PATRICK)

voir page ci-contre.

YACHINE (LEV IVANOVITCH)

▲ ***Lev Ivanovitch Yachine*** *est considéré comme l'un des plus grands gardiens de but de tous les temps.*

Joueur russe, né le 22 octobre 1929, à Moscou (Russie), décédé le 21 mars 1990, à Moscou. Gardien de but.

Avant de s'intéresser au football, Lev Yachine pratique tour à tour l'escrime, le basket, le tennis et le water-polo où il fait ses armes en tant que gardien.
En 1950, il entre au Dynamo Moscou, club auquel il restera fidèle tout au long de sa carrière.
Considéré comme l'un des plus grands gardiens de l'histoire du football (il a notamment joué 270 matches sans encaisser le moindre but !), Lev Yachine ne cessera d'étonner par sa capacité à couvrir toute la surface du but avec une immense aisance et, surtout, une incroyable réussite.
Surnommé l'« araignée noire », car il aura toujours été vêtu uniquement de cette couleur, il reste le seul gardien à avoir été récompensé par le Ballon d'or. C'est en son hommage que Fabien Barthez portait une tenue noire.
Aussi efficace au Dynamo de Moscou que dans l'équipe nationale, Lev Yachine recevra un immense hommage en 1971, à Moscou, lors de ses adieux au jeu.
Il se consacre alors à sa carrière d'entraîneur et de dirigeant du Comité national des sports.
En 1984, une ancienne blessure au genou se solde malheureusement par une amputation de la jambe, et Lev Yachine meurt d'un cancer quelques années plus tard.

ZIDANE (ZINEDINE)

« Le football est toute ma vie.
Ça a toujours été ma passion et c'est une chose où j'ai toujours été bon. »
Zinedine Zidane

Joueur français, né le 23 juin 1972, à Marseille (Bouches-du-Rhône). Milieu offensif.

Après avoir joué dans des clubs

PATRICK VIEIRA

Douze ans après avoir célébré la victoire avec les Bleus lors de la Coupe du monde 1998, et bien qu'ayant évoqué en 2009 sa prochaine retraite, Patrick Vieira aura joué en tout 107 fois sous le maillot national.

Patrick Vieira qui est arrivé en France à 8 ans, débute à l'AS Cannes en 1993, et devient capitaine à l'âge de 19 ans. Deux ans plus tard, c'est le Milan AC, puis Arsenal, le célèbre club anglais, où il reste neuf ans. Là, il devient une vedette mondiale. Sa combativité, son énergie et ses buts font de lui l'un des chouchous des fans des Gunners, avec lesquels il remporte trois fois le championnat anglais. Il y est même nommé capitaine !

Le 14 juillet 2005, il signe à la Juventus de Turin, qui débourse 20 millions d'euros pour s'offrir ses services. Un an plus tard, c'est le déménagement pour l'Inter de Milan, l'autre grand club italien.

Joueur très élancé, Vieira n'est pas un colosse, et son physique lui joue parfois des tours. Si les blessures l'empêchent régulièrement de jouer à Milan, son arrivée à Manchester City en janvier 2010 et la disparition de son problème au mollet ne lui permettent pas d'accumuler assez de temps de jeu pour pouvoir prétendre à sa participation au Mondial 2010.

FICHE D'IDENTITÉ
Naissance : 23 juin 1976, à Dakar, Sénégal
Taille : 1,91 m
Poste : milieu de terrain

Retiré des terrains, Vieira travaille toujours pour Manchester et veille à la destinée de l'association qu'il a fondée avec d'autres sportifs, dont le but est de promouvoir l'éducation de la jeunesse à travers le foot, au Sénégal et en Afrique du Sud.

Realmadrid
com
Espa

situés près de sa cité de la Castellane, à Marseille, Zinedine Zidane part fin 1986 pour un stage de trois jours au CREPS (centre régional d'éducation populaire et sportive) d'Aix-en-Provence. Il y est remarqué par Jean Varraud, recruteur pour l'AS Cannes. Il entre au centre de formation du club en 1987. Un an plus tard, il est intégré à l'effectif professionnel.

En 1991, Zidane marque son premier but en D1, mais l'AS Cannes doit descendre en D2 l'année suivante. Zidane signe alors aux Girondins de Bordeaux sous la houlette de Rolland Courbis. Il y rencontre notamment Christophe Dugarry et Bixente Lizarazu avec lesquels il forme un trio des plus redoutables. En 1996, lors des huitièmes de finale de la Coupe de l'UEFA, Zidane marque un but de 40 mètres, qui fait le tour du monde. La légende est en marche. La même année, il cède aux appels de la Juventus de Turin. Après des débuts en demi-teinte, son talent explose et Zidane enchaîne les succès.

Auréolé de cette gloire justement acquise, Zidane signe en juillet 2001 un contrat en or avec le Real Madrid où il côtoie les plus grands joueurs de l'époque tels que Roberto Carlos, David Beckham, Michael Owen ou Ronaldo. Cette avalanche de stars ne permet cependant pas au club d'obtenir les résultats escomptés sur le terrain. Pour cette raison, à laquelle s'ajoute une forme physique mollissante, Zidane annonce le 25 avril 2006 qu'il prendra sa retraite définitive à l'issue de la Coupe du monde, quelques mois plus tard. Il peut briller une dernière fois en équipe de France, où depuis sa titularisation officielle en 1995 il s'est imposé comme un joueur déterminant. Auteur de 31 buts en 108 sélections, il reste l'un des capitaines les plus charismatiques de l'équipe et l'un des principaux acteurs des plus grands succès de la France obtenus au Mondial 1998 et à l'Euro 2000. Le 13 août 2004, il avait pourtant déclaré ne plus vouloir porter le maillot des Bleus, mais le fait de sentir cette équipe sans repères, peut-être par manque d'un véritable meneur, aura raison de ses réticences. Il annonce donc solennellement le 3 août 2005 qu'il revient en équipe de France, avec le succès que l'on connaît. Son dernier geste marquant sur le terrain reste néanmoins un peu plus contrasté puisque son « coup de boule » contre l'Italien Marco Materazzi lui vaut une expulsion. Zidane termine sa carrière de joueur sur cette action controversée et une défaite en finale de Coupe du monde. Malgré cette fausse note, Zidane reste le joueur le plus populaire du football français.

En janvier 2015, il se lance dans une nouvelle carrière en devenant entraîneur du Real Madrid.

●ZLATANER

Frapper un coup puissant et impossible à arrêter. Terme inspiré des actions musclées et redoutables de Zlatan Ibrahimović.

●ZONE

1. Partie du terrain. On trouve notamment plusieurs expressions.
– **La « zone de but » :** surface tracée devant le but large de 6 mètres servant à délimiter l'emplacement où s'effectue la remise en jeu après une sortie de but.
– **La zone technique** (ou « surface technique ») : endroit du terrain où est situé le banc de touche et où doivent se tenir l'entraîneur et les remplaçants.
2. On emploie aussi le mot « zone » lorsque l'on parle du classement du championnat. On dit ainsi qu'une équipe est dans la **« zone rouge »** ou dans la **« zone de relégation »** lorsqu'elle risque de passer dans la division inférieure à l'issue de la saison après de mauvais résultats.
3. On parle de **« marquage de zone »** lorsqu'un défenseur surveille une partie du terrain pour faire face aux attaques à cet endroit.

CRÉDITS PHOTOGRAPHIQUES

Couverture : Lahalle Pierre/PRESSE SPORTS : 4e de couverture : hg © Mounic Alain/PRESSE SPORTS ; mg © Simon Stacpoole/OFFSIDE/PRESSE SPORTS ; © Gustavo Garello/JAM MEDIA/PRESSE SPORTS ; bg : © Massimo Rana/IPP/PRESSE SPORTS ; hd : Lahalle Pierre /PRESSE SPORTS ; bd © Jose Luis Cuesta/CORDON/PRESSE SPORTS

Pages 4 © Simon Stacpoole/Offside/Presse Sports ; **5** © Shaun Botterill/AFP ; **6-7** © Pics United/Presse Sports ; **8-9** © Didier Fevre/Presse Sports ; **10** © Thienel/EXPA/Presse Sports ; **11** © Jackie Delorme/Presse Sports ; **13** © Marc Atkins/OFFSIDE/PRESSE SPORTS ; **14** © Mark Leech/OFFSIDE/ PRESSE SPORTS ; VI IMAGES/PRESSE SPORTS ; **16** © Tim Groothuis/WITTERS/PRESSE SPORTS ; **17** © Schueler/EXPA/PRESSE SPORTS ; **20** © Vitaly Belousov/Itar-Tass/Corbis ; **21** DR ; **22** © DR ; **23** © Andres Kudacki/Corbis ; **25** © Martin Bureau/AFP ; **26** © Didier Fevre/ Presse Sports ; **27** © Tomasz Jastrzebowski/FOTO OLIMPIK/PRESSE SPORTS ; **28-29** © **26-27** © Papon/Presse Sports ; **31** © Uwe Speck/ Presse Sports ; **33** © Akihiro Sugimoto/Presse Sports ; **35** © Christian Liewig/TempSports/Corbis ; **36** © Mark Leech/Presse Sports ; **39** © Pascal Parrot/Corbis Sygma ; **40** © LAHALLE PIERRE/ PRESSE SPORTS ; **42** © DR ; **43** © Simon Stacpoole/Presse Sports ; **45** © Philippe Huguen/ AFP ; **46** © Patrick Herzog/AFP ; **46-47** © Bernd Weissbrod/AFP ; **48** © Adrian Dennis/AFP ; **49** DR ; **50-51** © Gabriel Piko/PIKO/PRESSE SPORTS ; **54-55** © Carl de Souza/AFP ; **56** © Pierre Philippe Marcou/AFP ; **57** © Luttiau/Presse Sports ; **58** © Andres Garcia/CORDON/PRESSE SPORTS ; **60** © Keystone-France ; **61** © Christian Liewig/Presse Sports **63** © Joan Valls/CORDON/PRESSE SPORTS ; **64** © Simon Stacpoole/ Presse Sports ; **65** © Schueler/EXPA/PRESSE SPORTS ; **66** © DR ; **67** © Getty Images ; **68** © Martin Richard/PRESSE SPORTS ; **70-71** © Didier Fevre/Presse ; **72-73** © Marc Atkins/Offside/Presse Sports ; **75** © Luca Zennaro/AFP ; **76** © Pics United/Presse Sports ; **77** © Pics United/Presse Sports ; **79** © Stuart Franklin/AFP ; **80** © MOHA/Presse Sports ; **82** © Odd Andersen/AFP ; **83** © Marc Atkins/OFFSIDE/PRESSE SPORTS ; **85** © Kristian Kane/EXPA/PRESSE SPORTS ; **87** DR ; **88** © Photos ; **89** © Keystone-France ; **90-91** © Christian Palma/AFP ; **92** © Gary A. Vasquez/ Usa Today Sports/Presse Sports et Chris Nicoll/Usa Today Sports/Presse Sports ; **93** © Derrick Ceyrac/AFP ; **94-95** © Philippe Huguen/AFP ; **96** © Philippe-Pierre Marcou/AFP ; **97** © Michel Vincent/PRESSE SPORTS ; **98** © Lahalle Pierre/PRESSE SPORTS ; **100** © Simon Stacpoole/ OFFSIDE/ PRESSE SPORTS ; **101** © Akg-Images ; **103** © Pics United/Presse Sports ; **104** © Akihiro Sugimoto/Presse Sports ; **106** © Cyberpresse.ca/AFP ; **107** © VI IMAGES/PRESSE SPORTS/ PRESSE SPORTS ; **108** © Guilia Panattoni ; **109** © Marc Atkins/ OFFSIDE/PRESSE SPORTS ; **110** © Marc Atkins/OFFSIDE/PRESSE SPORTS ; **111** © Keystone-France ; **112** © Maurice van Steen/VI IMAGES/PRESSE SPORTS ; **113** © Papon/Presse Sports ; **114** © Marc Atkins/OFFSIDE/PRESSE SPORTS ; **116-117** © Jimin Lai/AFP ; **118** © Gerrit van Keulen/VI IMAGES/PRESSE SPORTS et Thorsten Wagner/Witters/Presse Sports ; **119** © Martin/Presse Sports ; **120-121** © Martin/Presse Sports ; **122** © Simon Stacpoole/OFFSIDE/PRESSE SPORTS ; **124-125** © Simon Stacpoole/Presse Sports ; **126** AFP ; **127** DR ; **128** DR ; **129** © Fel/Presse Sports ; **130** DR ; **131** © Roberto@ Schmidt/AFP ; **132** © Onanafootball.com ; **133** © Massimo Rana/IPP/PRESSE SPORTS ; **134** © Mantey Stephane/PRESSE SPORTS ; **135** © Tom Bode Multimedia/ VI IMAGES/PRESSE SPORTS ; **136** © Gustavo Garello/JAM MEDIA/PRESSE SPORTS ; **137** © Faugere Franck/PRESSE SPORTS ; **139** © Marc Atkins/ OFFSIDE/PRESSE SPORTS ; **140-141** © Thierry Orban/Corbis ; **142** © Sebastian Widmann/WITTERS/Presse Sports et Stuetzle/EXPA/Presse Sports ; **143** Simon Stacpoole/Offside/Presse Sports ; **144** © Boutroux/Presse Sports ; **145** © Fèvre/Presse Sports, Rondeau/Presse Sports ; **146** © Schueler/ EXPA/Presse Sports et Mantey Stéphane/Presse Sports ; **147** © MOUNIC ALAIN/PRESSE SPORTS ; **148** © Louisa Gouliamaki/AFP ; **150** © STF/ AFP ; **151** © Marc Atkins/Offside/Presse Sports ; **152-153** © Shaun Botterill/AFP ; **155** © De Martignanc/Presse ; **156** © George Tiedemann/GI Images Corbis ; **158-159** © Martin/Presse Sports ; **160** © Cesar Rangel/AFP ; **161** © Lahalle/Presse Sports ; **163** © Xavier Bonilla/AFP7/CORDON/ PRESSE SPORTS ; **164-165** © François Guillot/AFP Sports ; **166** © Simon Stacpoole/OFFSIDE/PRESSE SPORTS ; **167** © Olivier Lang/AFP ; **168** © Valeria Witters/Witters/Presse Sports ; **169** DR ; 171 © Irina R. H./AFP7/CORDON/PRESSE SPORTS ; **173** © Pics United/Presse Sports ; **174** © Claudio Chavez/AFP ; **176** © Fèvre/Presse Sports ; **177** © Alain Mounic/Presse Sports ; **178** DR ; **179** © Patrick Hertzog/AFP ; **180** © Papon/ Presse Sports ; **181** © Offside/Presse Sports ; **183** © Faugere Franck/PRESSE SPORTS ; **184-185** DR ; **187** © Maurice van Steen/VI IMAGES/PRESSE SPORTS ; **188-189** © Presse Sports ; **191** © Alain Mounic/Presse Sports ; **192-193** © Johannes Eisele/AFP ; **195** © Alex Livesey/AFP ; **196** © Matthias Hangst/Presse Sports ; **197** © Matthias Hangst/Presse Sports ; **198** © Thienel/EXPA/Presse Sports ; **200** DR ; **201** © Miguel Lopez/Cordon/Presse Sports et Papon Bernard/Presse Sports ; **202** DR ; **203** © Sébastien Boué/Presse Sports ; **205** DR ; **206-207** Marc Atkins/OFFSIDE/PRESSE SPORTS
ILLUSTRATIONS de Jean-Paul Favreau : pages **8, 12, 32, 102**

ISBN : 978-2-7324-8734-2
Dépôt légal : mai 2018
Achevé d'imprimer en mars 2018 par GRAFICAS CEMS SL (Espagne)
Photogravure : STUDIO 4C